JN081404

実戦150題

行政法

第6次改訂版

都政新報社

は　し　が　き

わが国の法律の大部分は、行政法に属すると言われます。行政法は、道路・河川管理、建設規制、環境保全、社会福祉、教育など国民生活に密接かつ多様な領域を扱う法規範です。現代社会に生活する誰しもが、国や地方自治体、その他の公的団体の諸活動と無関係でいることはできません。

各自治体職員も、行政法に対し、正確な知識で主体的に解釈し、的確に運用することが、施策の企画・立案や事業の円滑な推進にますます不可欠なものとなっていると言えましょう。

しかしながら、行政法は、学説や判例に大きく依存するため、成文化されていない部分が多く、従来から馴染みにくいとも言われています。

本書『行政法実戦150題』は、こうした難解さを持つ行政法を、例題を解きながら体系的かつ平易に学ぶことを主眼として出版されました。その後、改訂を重ね、おかげさまで、実務の世界で行政法の習得を必要とする方ばかりでなく、昇任試験突破をめざす地方公務員、わけても東京都及び特別区の職員の皆さんの必携の書として活用されてきました。

今回の第6次改訂版の編集にあたっては、例題を最新の問題を中心に精選し直すとともに、解説も改訂し、より実践的に行政法を学習できるよう努めました。

基本的な理解を通じて、実務や試験の実践や応用につながることを目指しています。

多忙な地方公務員の皆さんが、効率的・効果的に行政法を学ぶうえで本書が役立てば幸いです。

令和3年2月

(株)都政新報社　出版部

目　　次

第５章　行政情報管理

第６章　行政行為

第７章　その他の行政行為

第８章　行政上の強制措置

第９章　行政上の制裁措置

第 10 章　行政処分等に関する補償

第 11 章　行政上の不服申立て

第 12 章　行政事件訴訟

第 13 章　各種の行政作用

昇任試験のための行政法の学習について

1. 出題傾向

行政法は令和２年度において、東京特別区の管理職試験Ⅰ類を例にとると、択一で40問中16問、東京都主任試験ＡⅠ類事務で55問中９問が出題されている。とくに特別区管理職試験Ⅰ類で40問中８題から16問と21年度から倍増したことからも分かるように、一般に地方公務員の事務系昇任試験では､相当数のウェイトを占めている。

出題内容は、地方公共団体によって異なるが、東京特別区の管理職試験などでは、**①行政行為の効力とその種類、②行政不服申立て制度、③行政事件訴訟、④国家賠償制度**からの出題が多く、特に**行政救済分野がほぼ毎年必出**であることが目立っている。

設問は、基本的な論点を理解していれば対応できるものがほとんどで、重要事項は繰り返し出題される傾向にある。このため行政法は、基本を一通り勉強しておけば必ず点になる科目であるといえる。

本書は、可能な限り都区の実際の出題問題を集め、簡単なテキストとしても使えるように、わかりやすく解説したものである。

2. 学習法

行政法は、一つの「行政法」という基本法典があるわけではなく、行政に関する複数の法による法体系であるといえる。このため学習にあたっては、体系的に学習できるような、いわゆる基本書を学習することが一番である。そのうえで、問題に繰り返し取り組んで知識を確認し、定着させるというのが一般的な方法である。

しかし、内容が広範囲なわりに学習時間が足りないという読者の方も多いことと思われる。また、すでに行政法を学んでおられる方もいるかもしれない。そのような場合には、まず本書のような問題集から取り組むという方法も効果的である。

特に本書では、実際の出題例を中心としていることから、出題傾向を反映した重要度の高い事項を繰り返し学ぶことができる。また、選択肢を解説するだけでなく、事項別にポイントを解説しているので、基本的事項を体系的に学ぶことができる。

問題集に取り組むときの留意事項としては、まず同じ問題集を繰り返し解くこと、そして間違えた箇所を徹底的に覚えることが大切である。5肢選択の問題は、ある程度パターンが決まっており、同じ分野からの出題の場合には、選択肢の内容が似通っているということがよくある。このため同じ問題を繰り返し解くことで、回答のコツをつかむことができるといえる。さらに、行政救済分野などの頻出分野については、条文そのものが出題されることもあるため、法律の条文にもあたっておく必要がある。

記述問題に対応する場合には、自分なりにカード等を作成し、重要事項を整理するといった方法が必要であろう。これは試験直前の知識確認に大いに役立つはずである。

3. 参考書

行政法の解説書は最近非常に増えているが、基本書と使いやすい参考書をあげておく。

(1) 基本書

宇賀克也『行政法概説Ⅰ(第7版)、Ⅱ(第6版)、Ⅲ(第5版)』(有斐閣)

塩野　宏著『行政法Ⅰ(第6版)、Ⅱ(第6版)、Ⅲ(第4版)』(有斐閣)

(2) 参考書

都政新報社の出版物としては、本書のほかに、『1日10分 行政法』『東京都主任試験解答集』『東京都主任試験ハンドブック』などが参考になる。

出題の解説のなかで、以上の基本書及び参考書について、( )内に省略して表示し、引用している。また、判例についても「最高裁判決昭和56年6月16日」を「最判昭56.6.16」と省略してある。

法律による行政の原理①

NO.1　法律による行政の原理に関する記述として、妥当なのは次のどれか。

1　法律による行政の原理には、積極的側面と消極的側面とがあるといわれ、前者は法律の優位の原則であり、後者は法律の留保の原則と呼ばれている。

2　法律の留保の原則とは、行政主体の行う一切の措置は法律に違反するものであってはならず、また行政上の措置によって法律を改廃、変更することはできないという原則である。

3　法律の優位の原則は、権力的行政活動についてのみ適用される原則である。

4　法律の留保の原則については争いがあり、人民に不利益となる権力活動を行う場合にのみ法律の根拠を必要とする侵害留保説が多数説である。

5　侵害留保説のほかに、社会留保説や全部留保説があるが、全部留保説のメリットは、弾力的な行政活動をより可能とする点にある。

Key Point

法律による行政の原理は、３つの原則がある。

①法律の法規創造力の原則

②法律の優位の原則

③法律の留保の原則

解説　法律による行政の原理とは、行政活動は法律の定めるところにより、法律に従って行わなければならないという行政法の基本原理である。法律による行政の原理は、次の３つの原則から構成されている。

①法律の法規創造力の原則……法規を創造するのは法律に独占されており、行政権は法律の授権がなければ、法規を創造することはできない。

②法律の優位の原則……行政活動は、存在する法律の定めに違反して行われてはならない。

③法律の留保の原則……行政活動は、それが行われるためには、必ず法律の根拠を要する。

この３原則のうち、法律の留保の原則については、憲法体制の変革との関係で適用範囲が論じられており、侵害留保説、全部留保説、社会留保説などがある。【NO.２】の解説を参照。

1　**誤り**。積極的側面＝法律の留保の原則、消極的側面＝法律の優位の原則である。

2　**誤り**。これは法律の優位の原則の説明である。

3　**誤り**。法律の優位の原則は、権力的行政活動のみならず、非権力的行政活動にも適用される。

4　**正しい**。

5　**誤り**。いずれも法律の留保の範囲を拡大する説であるが、全部留保説は、非権力的な行政作用も含めて、公行政全体を法律の留保のもとにおこうとするもので、行政活動を硬直化させるものとの批判がある。

正答　4

法律による行政の原理②

NO.2　語句とその説明の組み合わせとして、妥当なのは次のどれか。

1　法律の留保の原則……行政主体の行う一切の措置は、法律に違反するものであってはならず、また行政上の措置によって法律を改廃、変更したり、骨抜きにしてはならない。

2　法律の優位の原則……行政権の活動は、法律の根拠に基づかなくてはならない。

3　侵害留保説……非権力的な給付行政でも、社会国家の理念に基づいて、拘束的かつ公正に活動することが要請される社会保障行政等の分野については、法律の根拠を要する。

4　社会留保説……市民に不利益となる権力活動を行う場合にのみ法律の根拠を必要とし、非権力的な給付行政や市民の権利義務に直接関係のない行政活動をする場合には、理論上は法律の根拠を要しない。

5　全部留保説……行政権が国民代表機関である国会に全面的に従属している憲法構造の下では、行政権のあらゆる活動についてすべて法律の根拠を要する。

Key Point

法律の留保の原則に関し、侵害留保説、社会留保説、全部留保説がある。

解説　法律による行政の原理の３原則のうち、法律の留保の原則については、憲法体制の変革との関係で適用範囲が論じられており、次の３つの説がある。

①**侵害留保説**……国民の自由と財産を権力的に制限ないし侵害する場合のみ法律の授権を必要とする。＝多数説

②**全部留保説**……すべての行政活動に法律の根拠を必要とする。

③**社会留保説**……社会権の確保を目的として行われる生活配慮行政には、必ず法律の根拠を必要とする。

行政は単なる法の機械的執行作用ではなく、法律に根拠がなくとも行政需要に応じ、独自の責任と判断で活動する余地が認められなければならない。他方、民主的法治国家においては、いっさいの権威と権力の淵源は国民代表議会の制定する法に求められる。こうした考え方のもと、行政庁が権力的な行為形式によって活動する場合には、国民の権利自由を侵害するものであると、国民に権利を与え義務を免ずるものであるとにかかわらず、常に法律の授権が必要であるとする説＝「**権力留保説**」も有力である。

1　**誤り**。これは法律の優位の原則の説明である。

2　**誤り**。これは法律の留保の原則の説明である。

3　**誤り**。これは社会留保説の説明である。

4　**誤り**。これは侵害留保説の説明である。

5　**正しい**。

正答　5

給付行政

NO.3　給付行政に関する記述として、妥当なのは次のどれか。

1　給付行政は、行政庁の一方的な交付決定に基づき行われるものである。

2　給付行政は、公共の福祉を維持増進するという積極的目的のために行われる点で、単に公共の安全と秩序を維持するという消極的目的をもつにすぎない夜警作用と区別される。

3　給付行政といえども、行政庁のなす行為であるから公法の原理がまず適用される。

4　給付行政は、法律の留保の原則が全面的に妥当する分野であることは疑いない。

5　給付行政は、すべて国によって行われるのが原則である。

Key Point

かつての夜警国家から現代の福祉国家へと理念が変わり、給付行政もより重要な地位を占めるようになった。給付行政は、原則として私法原理が適用されることが多い点に注意。

解説　給付行政とは、行政主体が公共の福祉を増進するため国民に対して行うすべての役務及び給付などのサービスをいう。

かつての自由主義的国家観のもとでは、市民生活の自主自立が最大限尊重され、国家の市民社会への介入は、公共の秩序維持など最小限に限るのが理想(夜警国家）とされた。しかし、現代においては、自由国家から福祉国家へと理念が大きく変わり、国民の「健康で文化的な最低限度の生活」(憲法第25条１項）の維持が行政の究極の目標となった。そのため、

①各種の公的扶助や社会保険等による金銭の給付

②水道・下水道・交通通信手段などの役務の提供

③教育・文化・医療・福祉施設などによるサービスの提供

など給付行政が重要な地位を占めるようになった。

1　**誤り**。水道の給水契約や保育所の利用契約など、申請に基づき、利用契約を締結する方法もある。

2　**正しい**。

3　**誤り**。給付行政は非権力作用が中心であり、むしろ私法の原理が適用される。

4　**誤り**。行政活動は、国民の健康で文化的な最低限度の生活の維持を目的とするものであり、必ずしも法律の根拠は要しない。

5　**誤り**。むしろ、地方公共団体や特殊法人によって行われる例が多い。

正答　2

行政法の法源

NO.4 行政法の法源に関する記述として、通説に照らして、妥当なのはどれか。 **(特別区管理職試験出題)**

1　判例法とは、裁判所において同一内容の判決が繰り返されると、その内容が法として承認されるものであり、行政法規に関して判例で示された法解釈は、以後、類似の法律関係を規律する行政法の成文法源となる。

2　条約は、国家間の国際法上の権利義務を定める約定であるが、その内容が国内行政について規律するものであるときは、それが公布、施行されることによって国内法としての効力を持つことになり、行政法の法源となる。

3　命令は、法律の個別的かつ具体的な委任に基づいて、法律の内容を補充し具体化する定めにすぎないため、行政法の法源とは認められない。

4　条理法とは、一般社会の正義心においてかくあるべきものと認められたものであり、行政法の法源として重要な意義を持つため、行政法における依拠すべき公法法規及び解釈基準としてすべての行政法規に優位する。

5　慣習法とは、多年の慣習が一般国民の法的確信を得て法的規範として承認されたものであり、民法の法源となるが、行政法の法源となる余地は一切ない。

Key Point

行政法の法源は、成文法を中心とするが、このことは必ずしも不文法(慣習法・判例法など) を否定するものではない。

解説　行政法の法源とは、行政の組織及び作用に関する法の存在形式をいう。わが国においては、**成文法**(成文の形式をもって制定された法）**中心主義**がとられている。成文法の形式としては、

①憲法、法律、命令、条約

②地方公共団体の条例・規則

などがある。

しかし他方で、行政法には一般的・通則的法典が制定されていない。このため、通則については、**不文法**(先例や慣習により自ら生ずる法）が重要な地位を占めている。また、成文法の存在している領域においても、すべてを規律することはできない。従って、ここにも不文法の働く余地が生ずる。

不文法源の種類には、次の３つがある。

①慣習法

②判例法

③条理（「法の一般原則」ともいう。例えば、信義誠実の原則や平等原則などが、これに当たる)。

1　**誤り**。判例法は成文法ではなく不文法である。

2　**正しい**。

3　**誤り**。命令は行政機関が制定する法であり、行政法の法源の一つである。

4　**誤り**。条理は法の一般原則として行政法の法源となる不文法であるが、法の欠缺の際に登場する最終的な法源であって、すべてに優位するわけではない。

5　**誤り**。慣習法は不文法として行政法の法源の一つを構成する。

正答　2

行政法の特色

NO.5　行政法の特色について述べた記述として、妥当なのはどれか。

1　行政法とは、行政の作用や行政主体の組織を規律するすべての法を含んだものである。
2　行政主体の公権力の発動は、それが法律に違反する場合においても、当然に一応適法の推定を受け、相手方を拘束する。
3　行政主体は、法律が定めるところにより、公権力によって国民に行政法上の義務を履行させ、もしくは履行したのと同様の状態を実現させ、または行政上必要な状態を直接に実現しうる。
4　公権力の発動たる作用に基づいて生じた損害については、民事法上の不法行為責任の規定が原則として適用される。
5　実定法上、行政目的の達成に必要な種々の特別な定めを設け、特別の法的な取扱いを認める例は少ない。

Key Point

行政活動に対し、民事法が適用される場面が増えており、かつての通説であった、公法と私法を明確に分離し、公法の特殊性を前面に押し出す考え方は過去のものとなっている。しかしながら、民事法が適用される場合でも、特別法や行政法上の一般原則による修正を受けることも多く、事案の検討に当たっては、個別に確認する必要がある。

行政法という名称の個別の法律は存在しない。行政法は、講学上、①行政主体と私人の法律関係を規定する行政作用法、②行政組織に関する行政組織法、③行政作用によって権利利益が侵害された私人を救済する行政救済法から構成される。現在、効力がある国内の全ての法律約2,000本のうち約9割が行政法として整理されるといわれている。

行政庁による活動のうち、特に民事法の適用を受けないものを、行政法学上「行政行為」と呼ぶ。行政行為は、一般的に「行政庁が、行政目的を実現するために法律によって認められた権能に基づいて、その一方的な判断で、国民の権利義務その他の法的地位を具体的に決定する行為」と定義される。

行政行為に関して、解決されるべき紛争は、行政事件訴訟法が定める手続によって裁判がなされる。

1　**誤り**。行政主体の作用すべてに行政法関係が成立するわけではない。むしろ、行政活動を規律する法のなかから、民事法、刑事法を除き、行政関係に特有な法だけが特に行政法といえる。

2　**誤り**。行政行為の公定力に関する記述だが、行政主体の公権力については、当然に認められるものではなく、重大かつ明白な瑕疵がある場合には無効である。

3　**正しい**。行政行為の自力執行力についての記述である。

4　**誤り**。国家賠償等の特別な定めや、損失補償制度など、民事法上の原則に対して特例が認められる。

5　**誤り**。行政は、全体として公益の優先性を実現すべきであり、実定法上、行政目的達成に必要な種々の規定や特別の法的取扱いを認める例が少なくない。

正答　3

行政過程における私人

NO.6　行政過程における私人の行為や能力等についてまとめた記述として、妥当なのはどれか。

1　私人が行政手続を行う場合、行為能力が必要あるが、一般的に意思能力を欠く者の行為であっても、有効とされる。
2　私人が国又は地方公共団体の機関としての地位においてする行為として、申告納税が挙げられる。
3　私人が行政権の相手方として国又は地方公共団体に対してする行為に直接請求の提起が挙げられる。
4　行政庁に対する申請手続では、本人の利益を保護する観点から、法律に明文の規定がない限り、代理人を置くことは認められない。
5　退職願が適法に撤回されたにもかかわらず、退職願の存在を前提に免職処分がなされれば、当該処分は違法となる。

Key Point

行政過程における私人の立場を整理すると、
・公権力の主体である行政庁と対峙する権利主体
・国又は地方公共団体の機関として公的効果をもたらす行為主体
に大別されるが、私人が第三者であっても法的地位が認められるケースや、情報公開等による行政参加等、様々な関わり方がある。

行政法関係において、私人が行う意思表示の法的効果については、通則的な定めがなく、民法の法律行為に関する規定の適用が原則であるが、個別法に規定によって、民法の原則が修正される。

① **意思能力・行為能力**

行政法上は、私人が行う行為については、意思能力と行為能力が必要であり、一般に、意思能力を欠く者の行為は無効である。

行為能力については、財産関係を中心に、民法の行為能力に関する規定が類推適用される。

② **意思表示の瑕疵**

原則として民法の類推適用による。ただし、行政法関係の特殊性によって、民法の原則が修正される。

③ **効力発生の時期**

到達主義による。

④ **代理**

行政過程における私人の行為については、選挙における投票等、代理がなじまない行為もあるが、代理が可能かどうかは当該行為の性格を具体的に検討し、個別に判断する必要がある。

⑤ **撤回の可否**

私人の申請、申込み等を受けて行政行為がなされる場合、行政行為がなされる前であれば、申請、申込み等を撤回できるのが原則である。

（宇賀『行政法概説Ⅰ』）

「2」「3」は事例（申告納税、直接請求の提起）が逆であり誤り。

正答　5

行政官庁

NO.7　「行政主体の意思又は判断を決定し、これを外部に表示する権限をもつ行政機関」を行政法学上「行政官庁」というが、行政官庁に関する記述として、妥当なのは次のどれか。

(東京都管理職試験出題)

1　行政官庁は、その性質上、独任制の機関のみをいい、内閣や行政委員会のような合議制の機関は行政官庁とはいわない。

2　行政官庁は、自己の名と責任においてその権限を行使する機関であるから、その権限を他の者に代理行使させることはできるが、委任することはできない。

3　行政官庁は、独立に権限を行使するものであるから、上級官庁が下級官庁を指揮命令する場合は、もっぱら職務執行命令訴訟手続によることとされている。

4　行政官庁の行った行為の法効果は、直接行政主体に帰属するから、行政主体が存続する限り行政官庁の廃止・変更によって、その法効果は影響されない。

5　国家行政組織法は、各大臣又は各庁の長官を行政官庁とみており、その補助機関をもあわせた各省又は各庁それぞれの全体を一つの行政官庁とする考え方をとっていない。

Key Point

国家行政組織法や自治体の組織、条例・規則などで規定される行政組織法について、行政機関の組織と権限(相互の権限関係も含む) の関係について整理しておく必要がある。

行政組織法は、国、地方公共団体等の行政主体の存立の根拠、機関名称、権限、機関相互の関係などについて定める法律である。

行政官庁は「**独任制**」と「**合議制**」があり、また行政の首長を頂点とし、上級の行政官庁がその系統下にある下級の行政官庁を指揮監督するという上命下服・上意下達のピラミッド型の「**階層性**」もある。上級行政庁と下級行政庁の関係として、指揮監督権、許認可権、訓令権、裁定権及び取消し・停止権がある。また指揮監督の関係にない行政官庁相互の間では、特別の規定のある場合を除き、相互にその権限を尊重しなければならない（原田『行政法要論』）。

1　**誤り**。行政官庁には、１人の自然人がその地位につく独任制のもの（大臣・首長など）と、複数の自然人によって構成される合議制のもの（公正取引委員会などの行政委員会）がある。

2　**誤り**。法律の根拠に基づき、権限を一部委任することは可能。委任した範囲内で、委任庁は指揮監督権を失い、受任庁が自己の名と責任において権限を行使する。争訟の際の相手方は受任庁となる。

3　**誤り**。上級行政機関は、下級行政機関に対する指揮監督権限が認められている（内閣府設置法第７条６項、国家行政組織法第10条・第14条２項、地方自治法第154条）。

4　**正しい**。当該行政官庁の改廃は、行政主体の存立根拠に影響がないものである限り、行政官庁の行った行為の効果に影響を与えない。

5　**誤り**。行政庁――補助機関は、行政組織の法的考察の基本的枠組みとされる。国で言えば政務次官・事務次官、地方では副知事・助役、また広く一般職員も含むとされる（芝池『行政法総論講義』）。

正答　4

上級庁の指揮監督権

NO.8　上級行政庁の下級行政庁に対する指揮監督に関する記述として、妥当なのはどれか。　**(東京都管理職試験出題)**

1　指揮監督は、上下の関係にある行政庁間において意思統一のため採られる手段であり、下級行政庁の権限行使の合法性については及ぶが、合目的性については及ばない。

2　監視とは、上級行政庁が下級行政庁の権限行使の実情を把握するために、行政事務の処理を視察し、報告を求める権限であるが、下級行政庁の事務を実地に検閲することはできない。

3　許認可とは、上級行政庁が下級行政庁に対して、その権限の行使につき事前に許可、認可等を求めさせ、これに基づいて承認を与える権限であり、下級行政庁はこれを拒否されたときは、争訟の手続によって争うことができる。

4　訓令とは、上級行政庁が下級行政庁の権限行使を指揮する権限であり、上級行政庁は下級行政庁の所掌事務に関して、下級行政庁に訓令を発することができ、下級行政庁の訓令違反の行為は、当然に違法な行為となる。

5　権限争議の決定とは、下級行政庁相互間の主管権限について争いがある場合に、上級行政庁がこれを決定する権限であり、主任の大臣の間での権限についての疑義は、内閣総理大臣が閣議にかけて裁定する。

Key Point

内閣法に関する内容が含まれるが、行政を規律する法理論の基本概念を理解していれば、選択肢の誤っている部分をチェックすることが可能である。

権限争議の決定とは、行政庁の間で権限について疑義がある場合に、上級行政庁が裁定する権限である。双方の行政庁に共通の上級庁がある場合にはその上級庁が裁定するが、共通の上級庁がない場合には双方の上級庁が協議して定めることになる。大臣の間における権限の疑義は、内閣総理大臣が閣議にかけて裁定することが、内閣法第７条で定められている。

行政組織

1　**誤り**。指揮監督権は、行政主体の意思の分裂を避けることが目的であるため、下級行政庁の権限行使の合法性について及ぶことに加え、当然、合目的性についても及ぶ。

2　**誤り**。監視とは、上級機関が下級機関の執務を視察するのみならず、事務を実地に検閲し、報告を求める権限であり、法律に明文の規定がなくても認められると解されている。

3　**誤り**。許認可とは、下級庁の事務遂行につき事前に上級庁の許認可を要求するものである。許認可は、法規裁量行為であるため、裁量権の喩越・濫用がある場合以外には、原則として司法審査の対象にならない。

4　**誤り**。訓令のほか、通達、要綱、告示などは行政規則に含まれる。行政規則は行政機関の定める一般的な定めで、法規の性格を有しない。このため、下級庁の訓令違反の行政行為は職務上の義務違反にとどまり、当然違法な行為とはならず、行政行為の法的効力に影響を及ぼさない。

5　**正しい**。(内閣法第７条)

正答　5

権限の委任、代理①

NO.9　行政法学上の行政庁の権限の委任又は代理に関する記述として、妥当なのはどれか。　**（特別区管理職試験出題）**

1　権限の代理は、行政機関の権限の全部又は一部を他の行政機関が代わって行うもので、代理機関が自己の権限として行使するものである。

2　権限の代理では、民法における顕名主義を採用していないので、代理機関は被代理機関の代理者であることを明示する必要はない。

3　権限の委任は、当事者の一方が法律行為を為すことを相手方に委託するものであり、代理権の付与を伴う。

4　権限の委任では、下級機関でない者に委任を行った場合、法律に別段の規定がなくても、委任機関は受任機関に対する指揮監督権を有する。

5　権限の委任は、法令の定める権限の一部を移動させることになるので、法律の根拠なしにはできない。

Key Point

権限の委任は、権限の所在の変更ないし移転を伴うが、代理は一時的なものである（大臣の病気や外国出張等）。代理者と被代理者、委任者と受任者の関係を整理して理解することが重要である。

委任によって、法律で規定された権限は、委任機関から受任機関に移譲され、委任機関は当該権限を失うこととなる。委任の要件は、

① **法律の根拠が存在すること**

② **一部委任に限ること**

の2つとされる。

代理は、代理である旨明示する必要があり、法定代理と授権代理の2種類がある。

1 **誤り**。権限は移動していないため、自己の権限の行使ではない。

2 **誤り**。代理機関は代理である旨表示して権限を行使する。法的効果は、被代理機関に帰属するとともに、代理機関に対する指揮監督権が発生する。

3 **誤り**。行政法上の委任は、民法とは異なり、代理権の付与を伴わない。このため、委任と代理は明確に区別される。

4 **誤り**。委任では、受任機関が自己の権限として、自己の名と責任において行使し、責任を負う。(抗告訴訟を提起する場合は、受任機関を被告としなければならず、委任機関を被告とすることはできない(最判昭和54.7.20))。ただし、上級機関が下級機関に委任した場合は、委任機関としてではなく、上級機関としての指揮監督権は残る。

5 **正しい**。権限の委任は、法律上の処分権限を変更するものとして、法律上の根拠が必要である。

正答　5

権限の委任、代理②

NO.10 権限の委任、権限の代理、専決及び代決に関する記述として、妥当なのは次のどれか。

1　権限の委任は、行政庁が自己に与えられた権限の全部またはその主要部分を他の機関に委譲して行わせることを言い、必ずしも法令の根拠を要しない。

2　権限の授権代理は、本来の行政庁が他の機関に自己を代理してすべての権限を行使できる地位を与えることを言い、必ず法令の根拠を要する。

3　権限の法定代理は、法定の事実の発生に基づいて代理者が本来の行政庁の権限を当然に代わってなすことを言い、必ず法令の根拠を要する。

4　専決は、本来の行政庁の権限を下級の補助機関が一時代わって決裁することを言い、当該所掌事務にかかる最終的決定権は委譲されない。

5　代決は、本来の行政庁が下級の補助機関に事務処理の決定を委ねることを言い、対外的には本来の行政庁の名ではなく、当該補助機関の名で表示される。

Key Point

専決とは、権限を対外的には委任せず、また代理権も付与せずに補助機関が行政庁の名において、実際上、権限を行使することをいう。例えば、行政庁の決裁権限を補助機関である課長が最終的に行使することを内部的に認めるものである。

代決は、決裁権者が不在の際などに、決裁権者の直近下位者が内部的に代理の意思表示をして決裁することである。

解説 行政庁は、法令で定められた権限を自ら行使するのが原則である。しかし、例外として権限の委任、代理、代決などの方法で他の行政機関に、その権限を行使させることがある。

権限の委任は、法令によって与えられた権限の一部を他の機関に、当該機関の権限として行使させることであり、法令の根拠が必要である。

権限の代理は、行政庁の権限の全部または一部を他の行政機関が代わって行うことである。行政庁の授権による授権代理と、法定要件によって自動的に発生する法定代理がある。

これに対し**専決・代決**は、権限の委任・代理の場合と異なり、実際に意思決定をした者が誰かは表示されない。対外的に権限は移動していないので、専決・代決については、法令の根拠は不要と解されている。

代決した者は、事後速やかに決裁権者に報告しなければならず、事後に代決した事務を本来の決裁権者の閲覧に供することを「後閲」という。(宇賀『行政法概説Ⅲ』)

1 **誤り**。委任は行政庁の権限の変更であるため、法令の根拠が必要である。

2 **誤り**。授権代理の場合は、当該行政庁の本来の権限は移転しないので、法的根拠は不要である。

3 **正しい**。

4 **誤り**。事務処理に関する権限は、補助機関が行政庁の名において行使する。これは権限の代理の説明である。

5 **誤り**。対外的効果は、本来権限の属する行政庁の名による。これは権限の委任の説明である。

正答 3

行政立法

NO.11　行政立法に関する記述として、妥当なのはどれか。

（東京都主任試験出題）

1　委任命令は、法律の一般的な委任に基づき定めることができるが、執行命令の制定には、法律の個別、具体的な委任が必要である。

2　法規命令は、その根拠となる法律と一体とはいえないことから、当該法律が失効しても、法規命令が失効することはない。

3　法規命令は、権限ある行政庁が適法な手続でこれを定めて署名することによって、直ちに効力が発生する。

4　政令は、憲法において、憲法及び法律の規定を実施するために制定されることが規定されており、政令には、法律の委任なくして罰則を設けることができる。

5　通達は、上級行政機関の下級行政機関に対する命令であり、行政組織の内部で効力をもつにすぎず、国民を直接拘束するものではない。

Key Point

憲法は、国会を唯一の立法機関としている。従って、現行憲法下では明治憲法下とは異なり、行政立法は無定形に認められるものではなく、極めて限定的に認められるものである。

行政権が法条の形式で一般抽象的、仮言的な定めをすることを行政立法という。行政立法は、国民の権利義務に関する法規としての性質を有する**法規命令**と、法規としての性質を有しない**行政規則**とに分けられる。

近代法治国家では、法規は議会の議決による法律の形式をとるのが原則である。しかし、行政の内容が複雑多岐になるにつれ、法律も専門性・技術性が求められるとともに、社会状況の変化に対応する即応性が要求されるようになってきた。そこに法治国家の下、行政法の許容される理由が存する。そこで法律では、大綱的な定めにとどめ、細部は行政立法に委ねることが行われてきた。

ただし、現行憲法は、国会を唯一の立法機関とし、行政立法の範囲を著しく制限している。従って、明治憲法下で認められていた法律から独立して制定される独立命令や緊急勅令は、現行憲法下では認められない。法律の委任に基づく委任命令についても、国会の立法権を侵すような広範な一般的委任は認められない。とりわけ、行政立法への罰則の委任については、罪刑法定主義の考え方からも、法律自体に個別的・具体的な構成要件等を規定する必要がある。

1 **誤り**。委任命令と執行命令の記述が逆である。委任命令については、一般的委任は認められず、個々の法律による具体的な委任が必要とされる。執行命令は、一般的な委任に基づき定めることができる。

2 **誤り**。法規命令が有効に成立するためには、その根拠となる法律が有効に成立していなければならない。よって、当該法律が失効すれば、法規命令も失効する。

3 **誤り**。法律と同様に法規命令についても、公布が行われて初めて対外的な効力が発生する。

4 **誤り**。政令には、法律の委任がある場合を除いては、罰則を設けることができない。

5 **正しい**。通達は、行政内部で効力をもつにすぎず、法規命令としての性質を有さない。そのため、通達を根拠として直接国民を拘束することはできない。

正答　5

法規命令の分類

NO.12　行政法学上の法規命令に関する記述として、妥当なのはどれか。　**（特別区管理職試験出題）**

1　委任命令は、法律その他の上級の命令の特別の委任に基づいて、新たに権利・義務を創設する命令であるが、いかなる場合であっても、委任命令に罰則を設けることができない。

2　執行命令は、上級の法令の執行を目的とし、上級の法令ですでに設定されている義務の具体的細目事項を定めるだけでなく、国民に対し新たな義務を課すことを定めることができる。

3　法規命令は、当該法規命令と抵触する上級の命令が新たに制定されたときは、当該法規命令は、これと抵触する限度において、違法となるが、当然にはその効力を失うことがない。

4　法規命令が有効に成立し、対外的な拘束力を有するためには、当該法規命令は、その主体、内容、手続及び形式のすべての点について法の定める要件に適合し、かつ、公布及び施行されなければならない。

5　法規命令は、上級の法令の委任に基づき制定されるものであるので、政令及び省令は、法規命令に含まれるが、上級の法令を持たない会計検査院規則及び人事院規則は、法規命令に含まれない。

Key Point

法規命令は、法律等を執行するための細目的・手続的な事項を定める執行命令と、法律等の委任に基づき、国民の権利義務の設定等を行う委任命令に分けられる。

解説　法規命令は、法律との関係から、委任命令と執行命令に区別することができる。

委任命令は、法律の委任に基づき、法律で規定すべき事項を定める命令である。これにより規定できるのは、法律の補充的規定、具体的･特例的規定及び解釈的規定であり、国民の権利･義務の設定に係る内容である。委任命令は、法律等の個別的な授権に基づく必要がある。

執行命令は、上級の法令を執行するために必要な手続を定めるものであり、国民に新たに義務を課すものではない。

また法規命令は形式的には、**①内閣の発する政令、②各大臣が発する内閣府令・省令、③各外局の長が別に法律の定めるところにより発する外局規則**(国家公安委員会規則、公正取引委員会規則など)、**④独立機関の規則**(会計検査院規則、人事委員規則がこれに当たる)などに分けられる。

1　**誤り**。具体的な法律の授権、すなわち法律自体に個別的・具体的な構成要件を明らかにすることなどにより、委任命令に罰則を設けることができる(憲法第73条6項但書)。

2　**誤り**。執行命令は、国民の権利義務の内容を実現する手続を定めるものであり、国民に対し新たな義務を課すことを定めるものではない。

3　**誤り**。当該命令に抵触する上級の命令が新たに制定されたとき、これと抵触する限り当該法規命令は無効となる。

4　**正しい**。

5　**誤り**。会計検査院や人事院等の独立機関が、その権限に属する事項について発する会計検査院規則や人事院規則も法規命令に含まれる。

正答　4

法規命令の成立

NO.13　法規命令に関する記述として、妥当なのは次のどれか。

（東京都管理職試験出題）

1　法規命令は、委任命令と執行命令に分けられ、委任命令を制定するためには、法律による個別的・具体的委任に限らず、一般的・包括的委任に基づくことも許される。

2　法規命令は、法律により特定の事項について委任されるが、法律の規定によりその特定事項について法規命令から再委任できるとすることは、国会のもつ立法府としての責任を放棄することになるので許されない。

3　法規命令は、法律の補充的規定又は上位法令を執行するための細目的、手続的規定であり、憲法の定める罪刑法定主義の原理から、法律が法規命令に罰則の制定を委任することは一切禁じられている。

4　法規命令は、これを発する権限をもつ行政機関の違いに応じて政令、省令、外局規則などの形式をとることが多いが、行政機関が決定事項を公に知らせる告示の形式をとって発せられる場合もある。

5　法規命令は、行政機関の権限による行政行為の一種と定義され公定力を有するので、法規命令の根拠となった法律が廃止されても、その法規命令が効力を失うことはない。

Key Point

法規命令は、根拠となる法令の廃止、命令と矛盾する上位の法令等の制定、命令自体の廃止により消滅する。特に法律による委任の関係について理解を深める必要がある。

法規命令が有効に成立するためには、その**主体**(正当な権限を有する行政官庁)、**内容**(上級の法令の先占区域を侵さず、また抵触せず、内容が明確で可能であること)、**手続**(審議機関の議決を経る必要がある場合はそれを経るなど)及び**形式**(命令の種類を明記し、権限のある行政官庁の署名があること)のすべての点について、法の定める要件に適合することが必要。さらにこれを公布することを要する。

その効力は、命令が施行されることによって発生し、これらの諸条件のいずれかを欠く命令は、瑕疵ある命令であり、その瑕疵が重大かつ明白であるときは、何ら効力を生じない。

法規命令は、**①命令自体の廃止**、**②命令と矛盾する上級法令の制定**、**③根拠法令の消滅**といった場合に消滅する。

なお、命令を発した行政官庁が廃止された場合でも、その命令は当然に失効するのではなく、当該事項が他の官庁の権限事項として存続する限り、その効力は存続する。また、既存の命令に抵触する新たな命令が定められたときは、後法は前法を廃するという原則により既存命令の効力が消滅する。

1　**誤り**。委任命令を制定するには、法律による個別的・具体的な授権を要し、国会の立法権を侵すような広範な一般的委任は認められない。

2　**誤り**。法律の明文の規定により、特定事項を再委任することは可能である。ただし、立法権限の移動を行政機関の任意に委ねることは妥当ではない。

3　**誤り**。具体的な法律の授権があれば、委任命令に罰則を設けることができる(憲法第73条6項但書)。

4　**正しい**。形式は問わず、公布が法規命令の発効要件となる。

5　**誤り**。法規命令は、根拠となる法律が廃止されたときは、原則としてその効力を失う。

正答　4

法規命令と行政規則

NO.14 行政法学上の法規命令または行政規則に関する記述として、妥当なのはどれか。　**（特別区管理職試験出題）**

1　法規命令は、委任命令と執行命令とに分けられ、そのうち、執行命令は新たに国民の権利や義務を創設する命令である。

2　委任命令に罰則を設けることは、法律による個別的かつ具体的な委任によっても、罪刑法定主義の原則に反するので認められない。

3　法規命令は、国民の権利義務に関する規範であるので、正規の命令の形式である政令以外の形式で定めることができない。

4　行政規則とは、行政機関が定立する一般的な定めで、法規たる性質を持たない命令をいう。

5　行政規則は、その制定に法律の委任を必要としないので、法規命令と同じ形式をとることは許されず、訓令や通達の形式をとる。

Key Point

法規命令は、国民の権利・義務を定めるもので法規としての性質を有するが、行政規則は法規としての性質を有さず、法律の授権なしに行政権の当然の権能として定めることができる。

行政立法のうち、法規としての性質を持つ**法規命令**に対し、**行政規則**は行政権の定立する一般的な定めで、法規たる性質を有しないものである。原則として、法律の授権を持たず、行政権の当然の権能として定めることができる。行政の内部組織、事務配分などに関する定めがその例であり、通常、告示、訓令、通達の形式をとるが、府令や省令の形式をとることもある。

行政規則は、一般的には外部的な拘束力や法的効力を有さないため、これに違反する行為は、当然にはその効力を妨げられない。ただし、告示など、行政規則の形式をとりながら、実質的には法規の補充としての意義を持つ場合、これに違反する行為は違法となり、効力が否定される。例えば、物価統制令に基づく公定価格指定の告示の違反は、この告示の違反がすなわち物価統制令の違反として、その効力が否定され、罰則も適用となる。

行政立法

1　**誤り**。新たに国民の権利や義務を創設するのは委任命令である。

2　**誤り**。個別的かつ具体的な委任であれば許される。

3　**誤り**。政令の他、府令、省令、外局規則などがある。

4　**正しい**。行政規則は行政機構を拘束するが、国民の権利義務を決定し、裁判規範となる法規ではない。

5　**誤り**。行政規則は、通常は告示、訓令、通達の形式をとるが、府令や省令といった命令で定めるよう法律が規定している事例もある。

正答　4

通達

NO.15　行政法学上の通達に関する記述として、判例、通説に照らして、妥当なのはどれか。　**（特別区管理職試験出題）**

1　行政庁が、国民に対し通達に違反する不利益な処分を行った場合、直ちに違法となることから、国民は、処分が通達に違反することのみを理由として、その違法を主張することができる。

2　行政庁は、処分の違法性が争われている場合、当該処分が通達に適合して行われたことを理由として、その処分の適法性を根拠づけることが認められている。

3　通達は、上級行政庁が下級行政庁の権限の行使について指図するため発する命令であるが、国民の権利・義務に直接の法的影響を及ぼすものもあるため、通達には法律の根拠が必要である。

4　最高裁判所の判例では、課税がたまたま通達を機縁として行われたものであっても、通達の内容が法の正しい解釈に合致するものである以上、当該課税処分は、法律の根拠に基づく処分と解することを妨げないとした。

5　最高裁判所の判例では、裁判所は、法令の解釈適用に当たり、通達に示された法令の解釈とは異なる解釈をすることはできず、通達に定める取扱いが法の趣旨に反するときでも、独自にその違法を判定することはできないとした。

Key Point

通達は、行政規則としての性質を持つものであり、その効果は行政内部にとどまり、通達違反の行為もそのことのみをもって効力を妨げない。裁判における判断基準にはならず、訴訟対象ともならない。

訓令・通達は、一般的に行政規則の性質を持つものであり、法規としての性質を持たないものであるから、それに違反する行為も、ただそのことだけの理由によっては効力を妨げられない。訓令・通達の効果は、あくまで行政内部にとどまり、外部効果を持たない。従って、裁判において訓令・通達が判断基準となることはない。さらに、違法な訓令・通達に基づく行政処分等があった場合、処分そのものの違法性を訴えることはできるが、訓令・通達そのものを訴訟対象とすることはできない。

ただし、訓令・通達に違反する行為はこの効力を妨げられないとしても、その違反について当該公務員が公務員法上の責任を問われることはある。

1　**誤り**。行政庁が通達に違反する行為を行っても、その行為が法令に違反していなければ、違法とはならない。

2　**誤り**。通達に適合していることをもって処分の適法性を根拠づけることはできない。

3　**誤り**。通達は行政機関内部のみに拘束力を持つものであり、一般国民の権利・義務には直接関係しない。また、通達には法律の根拠は不要である。

4　**正しい**。最判昭33.3.28によれば、通達が法律の正しい解釈に合致するものであれば、長く非課税状態が続いた中で、通達により、新たな課税処分を行っても、違法であるとはいえない。

5　**誤り**。最判昭43.12.24によれば、裁判所は法令の解釈適用に当たっては、通達に示された法令の解釈とは異なる独自の解釈をすることができ、通達に定める取扱いが法の趣旨に反するときは独自にその違法を判定することができる。

正答　4

申請に対する処分の手続①

NO.16　申請に対する処分に関する記述として、行政手続法上、妥当なのはどれか。　**（特別区管理職試験出題）**

1　行政庁は、申請により求められた許認可に対する審査基準を定めた場合は、行政上特別の支障があるときを除き、法令により当該申請の提出先とされている機関の事務所において、審査基準を公にするよう努めなければならない。

2　行政庁は、申請を拒否する処分を行う場合は、申請者に対し、あらかじめ意見陳述又は弁明の機会を与えなければならない。

3　行政庁は、申請がその事務所に到達してから当該申請に対する処分を行うまでに通常要すべき標準的な処理期間を定めるよう努めなければならない。

4　行政庁は、申請を拒否する処分を行う場合は、拒否処分に慎重を期すため、申請者に対し、必ず書面で通知しなければならない。

5　行政庁は、申請が法令に定める形式上の要件に適合しない場合、当該申請により求められた許認可を拒否することができず、申請者に対し、速やかに当該申請の補正を求めなければならない。

Key Point

申請に対する処分については、審査基準の策定公表義務、標準処理期間の策定公表努力義務、申請に対する審査、応答義務が定められている。

行政手続法は、申請に対する処分、不利益処分、行政指導及び届出並びに命令等を定める手続に関し、共通する事項を定めた行政手続に関する一般法である。その制定趣旨は、行政手続について共通する事項を定めることにより、行政運営の**公正の確保**と**透明性の向上**を図ることにある。申請に対する処分に関する基本的な手続は、次のとおりである。

審査基準	①許認可等の審査基準策定(行政手続法第５条)	義務
	②審査基準の公表(行政手続法第５条)	義務
標準処理期間	①標準処理期間の策定(行政手続法第６条)	努力義務
	②標準処理期間を策定したときの公表(行政手続法第６条)	義務
審査・応答	①申請到達後の遅滞なき審査の開始(行政手続法第７条)	義務
	②形式用件に適合しない申請への補正要求又は拒否処分(行政手続法第７条)	義務

1　**誤り**。審査基準は、公にすることが義務づけられている(行政手続法第５条)。

2　**誤り**。申請を拒否する処分を行う場合、意見陳術又は弁明の機会の付与は、義務づけられていない。義務づけられているのは、不利益処分を行う場合である（行政手続法第13条)。

3　**正しい**。

4　**誤り**。申請を拒否する処分は、書面で行うことを義務づけられていない(行政手続法第８条)。

5　**誤り**。法令に定められた形式上の要件に適合しない申請については、補正を求めるか、または許認可等を拒否しなければならない(行政手続法第７条)。

正答　3

申請に対する処分の手続②

NO.17　申請に対する処分に関する記述として、行政手続法上、妥当なのはどれか。　**（特別区管理職試験出題）**

1　行政庁は、申請者から求められた場合は、当該申請者に対し、当該申請に係る審査の進行状況及び当該申請に対する処分の時期の見通しを示さなければならない。

2　行政庁は、申請に対する処分であって、申請者以外の者の利害を考慮すべきことが当該法令において許認可の要件とされているものを行う場合には、当該申請者以外の者の意見を聴くための公聴会を開催しなければならない。

3　行政庁は、申請により求められた許認可を拒否する処分をする場合において、当該処分を書面でするときは、申請者に対し、同時に、当該処分の理由を書面により示さなければならない。

4　行政庁は、申請の処理をするに当たり、他の行政庁において同一の申請者からされた関連する申請が審査中である場合は、当該他の行政庁における審査が終了するまでの間、当該申請に係る審査を停止しなければならない。

5　行政庁は、申請により求められた許認可を拒否する処分を口頭でした場合において、申請者から請求があったときは、当該申請者に対し、当該請求のあった日から2週間以内に当該処分の理由を示さなければならない。

Key Point

申請に対する処分における申請者等との関係については、申請を拒否する処分をする場合の理由の提示義務、申請処理に係る情報提供の努力義務、公聴会の開催等の努力義務などが定められている。

解説　申請に対する処分における申請者等との関係は、以下のとおりである。

①申請拒否処分の際の理由提示……許認可等を拒否する処分をする場合は、申請者に原則として当該処分の理由を示さなければならない(行政手続法第8条1項)。処分を書面でするときは、理由の提示は書面で行わなければならない(行政手続法第8条2項)。

②情報の提供……申請者の求めに応じ、申請に係る審査の進行状況や処分の時期の見通しを示すよう努めなければならない。申請しようとする者又は申請者の求めに応じ、申請に必要な情報の提供に努めなければならない(行政手続法第9条)。

③公聴会の開催等……申請者以外の第三者の利害を考慮すべきことが法令において許認可等の要件とされている場合は、必要に応じ、公聴会等の開催等に努めなければならない(行政手続法第10条)。

④複数の行政庁が関与する処分……同一申請者からされた関連申請が他の行政庁で審査中であることをもって、判断を殊更に遅延させてはならない。複数の行政庁が関与する場合、相互連絡し、審査促進に努めなければならない(行政手続法第11条)。

1　**誤り**。審査の進行状況及び処分時期の見通しの提示は、努力義務である。

2　**誤り**。公聴会の開催は、努力義務である。

3　**正しい**。

4　**誤り**。他の行政庁において同一の申請者からされた関連する申請が審査中であることをもって、審査を殊更に遅延させてはならない。

5　**誤り**。申請により求められた許認可を拒否する処分をする場合は、処分時に必ず、申請者に対して理由を示さなければならない。

正答　3

不利益処分の手続

NO.18　不利益処分に関する記述として、行政手続法上、妥当なのはどれか。　**（特別区管理職試験出題）**

1　行政庁は、不利益処分をするかどうかについて、当該処分の根拠法令の定めに従って判断するために必要とされる基準を定めなければならないが、当該基準を公にしておくよう努める必要がない。

2　行政庁は、行政処分の名あて人に対し、当該名あて人の資格又は地位を直接にはく奪する不利益処分をしようとする場合、当該処分の名あて人に対し、弁明の機会を付与しなければならない。

3　行政庁は、納付すべき金銭の額を確定し、一定の額の金銭の納付を命じる不利益処分をしようとする場合、当該処分の名あて人に対し、意見陳述の機会を付与しなければならない。

4　任命権者は、地方公務員法に基づき公務員に対して不利益処分をしようとする場合、当該処分の名あて人である公務員に対し、弁明の機会を付与する必要がない。

5　地方公共団体の機関が当該地方公共団体の条例に基づき不利益処分をしようとする場合において、当該地方公共団体が行政手続条例を定めていないときは、行政手続法の不利益処分に関する規定に基づき当該処分をすることができる。

Key Point

不利益処分を行う場合の手続としては、処分基準の策定公表の努力義務、理由提示義務、許認可等を取り消すなど重大な処分については聴聞手続、それ以外には弁明の機会の付与が義務づけられている。

解説　行政手続法において規定されている不利益処分に関する基本的な手続は、次のとおりである。

処分基準	①処分基準策定(行政手続法第12条)	努力義務
	②処分基準の公表(行政手続法第12条)	努力義務
理由提示	①不利益処分をするときの理由提示(行政手続法第14条)	義務
	②処分を書面でするときの理由の書面提示(行政手続法第14条)	義務
聴聞・弁明の機会の付与	①許認可等の取消し、資格又は地位のはく奪、役員の解任等の不利益の程度の大きい不利益処分とするときの聴聞手続(行政手続法第13条、第15条〜第28条)	義務
	②それ以外の不利益処分をしようとするときの弁明の機会の付与(行政手続法第13条、第29条〜第31条)	義務

1　**誤り**。基準を定め、公にするよう努めなければならない(行政手続法第12条)。

2　**誤り**。名あて人の資格又は地位をはく奪する不利益処分をしようとする場合、聴聞の手続をしなければならない(行政手続法第13条1項)。

3　**誤り**。納付すべき金銭の額を確定し、一定の金銭の納付を命じ、又は金銭の給付決定の取消しその他の金銭の納付を制限する不利益処分をしようとするときは、意見陳述のための手続は要しない(行政手続法第13条2項)。

4　**正しい**。地方公務員に対し、その職務又は身分に関してされる処分については、行政手続法は適用除外となる（行政手続法第3条1項)。

5　**誤り**。条例に基づき地方公共団体の機関がする処分については、行政手続法の処分や不利益処分に関する規定は適用されない(行政手続法第3条3項)。

正答　4

不利益処分にかかる意見聴取

NO.19 行政手続法に規定する不利益処分をしようとする場合の手続に関する記述として、妥当なのはどれか。

（特別区管理職試験出題）

1　行政庁は、許認可を取り消す不利益処分をしようとするとき、当該不利益処分の名あて人となるべき者について、弁明の機会の付与の手続を執らなければならない。

2　行政庁は、名あて人の資格又は地位を直接にはく奪する不利益処分をしようとするとき、当該不利益処分の名あて人となるべき者について、弁明の機会の付与の手続を執らなければならない。

3　行政庁は、金銭の給付決定の取消しその他の金銭の給付を制限する不利益処分をしようとするとき、当該不利益処分の名あて人となるべき者について、聴聞の手続を執らなければならない。

4　行政庁は、公益上、緊急に不利益処分をする必要があるときであっても、当該不利益処分の名あて人となるべき者について、必ず聴聞の手続を執らなければならない。

5　行政庁は、名あて人が法人である場合におけるその役員の解任を命ずる不利益処分をしようとするとき、当該不利益処分の名あて人となるべき者について、聴聞の手続を執らなければならない。

Key Point

行政手続法は、行政活動をする際の手続について規律する一般法で、申請に対する処分、不利益処分、行政指導、届出について、行政機関が遵守すべき基本的ルールを明確にしたものである。

解説 不利益処分にも多種多様なものがあり、その典型的なプロセスは、「相手方に対する処分の告知→相手方からの聴聞など意見表明機会の保障→処分の決定」として展開することになる。その点で不利益処分手続は、申請に対する処分や行政指導などに比べれば、比較法制的に見ても、はるかに定型的な手続として制度化されやすいという特徴をもつ。

行政手続法では、正式手続としての「**聴聞**」と「**弁明の機会の付与**」の２つに分けて規定することになった(行政手続法第13条)。また、これとは別に、個別法上に「意見の聴取」などの名称で、各種の特別聴聞手続が存在している(原田『行政法要論』)。

行政手続

1 **誤り**。正しくは、「聴聞手続」が必要である。聴聞の対象となるのは、許認可の取消し(撤回を含む)、資格のはく奪、法人役員の解任命令など、相手方にとって不利益の度合いが強い処分として列挙されているものである。

2 **誤り**。「聴聞手続」が必要である。なお、弁明手続は、聴聞手続よりも略式の手続であり、聴聞手続の対象となる処分以外の不利益処分が対象となる（行政手続法第13条１項２号)。

3 **誤り**。こうした不利益処分については、「納付すべき金銭の額を確定し、一定の金銭の納付を命じ」る不利益処分とともに、「聴聞」や「弁明の機会の付与」といった手続規定の適用が除外されている(行政手続法第13条２項４号)

4 **誤り**。処分の性質からすれば、聴聞手続や弁明手続の対象になるとみられる処分であっても、緊急の場合や著しく軽微なものなど一定の処分については、手続の対象外とされていることには注意を要する(行政手続法第13条２項１号)。

5 **正しい**。

正答 5

聴聞

NO.20　行政手続法に規定する聴聞に関する記述として、妥当なのはどれか。　**（特別区管理職試験出題）**

1　聴聞の当事者又は参加人は、聴聞の期日に出頭して、意見を述べ、証拠書類等を提出することができ、当該聴聞の主宰者の許可を得れば行政庁の職員に対し質問を発することもできる。

2　聴聞の当事者又は参加人は、聴聞が終結するまでの間、行政庁に対し、不利益処分の原因となる事実を証する資料の閲覧を求めることができ、行政庁は、いかなる場合であってもその閲覧を拒むことはできない。

3　行政庁は、聴聞を行うに当たり、不利益処分の名あて人に対し、書面により聴聞の通知をしなければならないが、当該通知書には、不利益処分の原因となる事実は記載しなくてもよい。

4　行政庁は、不利益処分の名あて人の所在が判明しない場合であっても、聴聞通知を当該行政庁の事務所の掲示場への公示により、送達することができない。

5　聴聞は行政庁が指名する職員その他政令で定める者が主宰するが、当該聴聞の通知を受けた者の保佐人も聴聞を主宰することができる。

Key Point

行政庁は、許認可等を取消し、資格又は地位の剥奪など、名あて人となるべき者に及ぼす不利益の程度が大きい不利益処分をしようとする場合には、「聴聞」の手続を執り、それ以外の不利益処分をしようとする場合には「弁明の機会の付与」の手続を執るよう義務づけられている。

不利益処分にあたっては、行政手続法上、「聴聞」と「弁明の機会の付与」が用意されている（行政手続法第13条）。

聴聞を行うに当たっては、不利益処分の名あて人に対し、定められた事項を書面で通知しなければならないほか、聴聞時の権利行使についても同時に教示しなければならない（行政手続法第15条）。

また、聴聞の公正性を考慮して、聴聞主宰者に関する規定もおかれている（行政手続法第19条）。

1　**正しい**。（行政手続法第20条２項）

2　**誤り**。第三者の利益を害するときその他正当な理由があるときは閲覧を拒むことができる（行政手続法第18条１項）。

3　**誤り**。不利益処分の名あて人に対し不利益処分の原因となる事実を記載しなければならない（行政手続法第15条１項）。

4　**誤り**。聴聞通知を当該行政庁の事務所の掲示板に提示することによって行うことができる（行政手続法第15条３項）。

5　**誤り**。保佐人は、聴聞を主催することができない（行政手続法第19条２項）。

正答　1

行政指導の手続

NO.21　行政指導に関する記述として、行政手続法上、妥当なのはどれか。

1　同一の行政目的を実現するため、一定の条件に該当する複数の者に対し、行政指導を行う場合であっても、行政指導は、個々の相手方に対して行うものであるので、その内容について、指針を定める必要はない。

2　行政指導とは、行政機関がその任務又は所掌事務の範囲内において一定の行政目的を実現するため、特定の者に一定の作為を求める指導、勧告、助言などの行為をいい、一定の不作為を求める行為はこれに含まない。

3　行政指導に携わる者は、行政指導を行うに当たっては、その相手方に対して、当該行政指導の趣旨及び内容並びに当該行政指導の責任者を明確に示さなければならない。

4　行政指導が口頭でされた場合、その相手方から当該行政指導の趣旨及び内容並びに責任者を記載した書面の交付を求められたときは、行政上特別の支障があることを理由に、これを拒否することができない。

5　申請の内容の変更を求める行政指導にあたっては、行政指導に携わる者は、申請者が当該行政指導に従う意思がない旨を表明した場合であっても、公益上の必要性があるときは、当該行政指導を継続して行わなければならない。

Key Point

行政指導は、わが国の行政分野で広範に行われており、行政運営における機敏かつ弾力的な対応、行政目的の円滑な達成等に重要な役割を果たしている。しかし、その濫用が法治主義の空洞化をもたらすおそれがあることから、世界で初めて行政手続法の中で行政指導に関する規定をおいている。

行政指導とは、行政機関がその任務又は所掌事務の範囲内において一定の行政目的を実現するため特定の者に一定の作為又は不作為を求める指導、勧告、助言その他の行為であって処分に該当しないものをいう（行政手続法第2条6号）。

1　**誤り**。同一の行政目的を実現するため一定の条件に該当する複数の者に対し行政指導をしようとするときは、行政機関は、あらかじめ事案に応じ、行政指導指針を定め、行政上特別の支障がない限り、これを公表しなければならない（行政手続法第36条）。

2　**誤り**。不作為を求める行為も含む（行政手続法第2条6号）。

3　**正しい**。このほかに、行政指導を行う際に、行政機関が許認可等をする権限又は許認可等に基づく処分をする権限を行使しうる旨を示すときは、併せて根拠法令や理由を示さなければならない（行政手続法第35条）。

4　**誤り**。行政指導が口頭でされた場合に、その相手方から行政指導の趣旨、内容、責任者について記載した書面の交付を求められたときは、当該行政指導に携わる者は、行政上特別の支障がない限り、これを交付しなければならない（行政手続法第35条3項）。

5　**誤り**。申請の取下げ又は内容の変更を求める行政指導において、行政指導に携わる者は、申請者が当該行政指導に従う意思がない旨を表明したにもかかわらず、行政指導を継続すること等により申請者の権利の行使を妨げてはならない（行政手続法第33条）。

正答　3

行政指導の一般原則

NO.22　行政指導に関する記述として、行政手続法上、妥当なのはどれか。

1　行政指導は、行政庁による事実上の協力要請といえるが、行政庁が要綱を定めた場合、相手方は行政指導に従う義務を負うこととなる。

2　法令に違反する行為の是正を求める行政指導を受けた相手方は、当該行政指導が法律に規定する要件に適合しないと考えるときは、行政機関に対し、行政指導の中止その他必要な措置を取ることを求めることができる。

3　行政指導は、行政機関の裁量により行われる行為であるため、国民からの求めに応じて行われることはない。

4　行政指導は、行政処分ではないため、最高裁判所が行政指導について、取消訴訟の対象となる処分性を認めたことはない。

5　行政手続法の行政指導に関する規定は、国の行政機関が行う行政指導と同様に、行政運営における公正の確保と透明性の公報を図るため、地方公共団体の機関が行う行政指導にも適用される。

Key Point

行政手続法では行政指導の一般原則として、行政指導に携わる者は、①当該行政機関の任務又は所掌事務の範囲を逸脱してはならないこと②行政指導の内容は、相手方の任意の協力によってのみ実現されるものであること③相手方が行政指導に従わないことを理由に不利益な取扱いをしてはならないことを定めている。

平成27年の法改正により、以下の制度が新設された。

(1) 法令に違反する行為の是正を求める行政指導（※）を受けたものが、当該行政指導が法律に規定する要件に適合しないと考えるときは、行政機関に対し、行政指導の中止その他必要な措置を取ることを求めることができる（行政手続法第36条の2）。

(2) 何人も、法令に違反する事実がある場合、それを是正するための処分や行政指導（※）を行政機関に対し､求めることができる（行政手続法第36条の3）。

※対象となる行政指導は、法律に根拠規定があるものに限る。

行政手続

1　**誤り**。行政指導の内容はあくまでも相手方の任意の協力によってのみ実現される（行政手続法第32条）。要綱に基づく行政指導を強制することは許されない。

2　**正しい**。平成27年の法改正により、新たに行政指導の中止等の求めを行えることとなった（行政手続法第36条の2）。

3　**誤り**。法令に違反する事実がある場合、行政機関に対し、それを是正するための処分や行政指導を求めることができる。申し出を受けた行政機関は、調査の結果、必要があると認めるときは、当該処分又は行政指導をしなければならない（行政手続法第36条の3）。

4　**誤り**。医療法上の病院開設中止勧告について、最高裁は、当該中止勧告は行政指導として定められているが、これに従わない場合は相当程度の確実さをもって、保険医療機関の指定を受けることができなくなるという不利益をもたらすため、処分性を認めると判示した（最判平17.10.25）。

5　**誤り**。地方公共団体が行う行政指導については、行政手続法の適用除外とされている（行政手続法第3条3項）。

正答　2

行政手続法と条例

NO.23 行政手続法又は東京都行政手続条例に関する記述として、妥当なのはどれか。　**（東京都管理職試験出題）**

1　行政手続法における処分とは、人の権利義務に直接具体的な効果を及ぼす行為をいい、私法上の契約、公法上の管理行為及び地方議会の議決が含まれる。

2　地方公共団体の機関が行う処分については、法律に基づくものに限らず、独自に条例又は規則に処分の根拠規定をおくものにも、行政手続法の規定が適用される。

3　地方公共団体の機関が行う行政指導については、行政手続法の規定が適用されるが、地方公共団体は、条例で事項を特定することにより、同法の規定の全部又は一部を適用しないことができる。

4　国の機関又は地方公共団体若しくはその機関に対する処分のうち、これらの機関又は団体がその固有の資格において当該処分の名あて人となるものについては、行政手続法の規定は適用されない。

5　東京都行政手続条例は、条例による事務処理の特例制度に基づき、区市町村が都知事の権限に属する事務を処理する場合においても適用される。

Key Point

地方公共団体の機関がする処分については、法令が根拠となる場合は行政手続法の適用を受けるが、条例・規則が根拠となる場合は適用除外となり、当該地方公共団体が定める行政手続条例の適用を受けることになる。

主体	根拠	処分・届出	行政指導
国	法令	○	○
地方公共団体	法令	○	△
地方公共団体	条例	△	△

行政手続法の適用対象　○　　行政手続条例の適用対象　△

1　**誤り**。行政手続法上の処分の概念は、行政事件訴訟法に定める処分と同様に考えてよく、私法上の契約といったものは、処分には該当しない(行政手続法第２条２号)。

2　**誤り**。地方公共団体の機関が行う処分で、条例または規則に処分の根拠規定をおくものは、行政手続法の適用除外とされている(行政手続法第３条３項)。

3　**誤り**。地方公共団体の機関が行う行政指導は、行政手続法の適用除外とされている（行政手続法第３条３項)。

4　**正しい**。(行政手続法第４条１項)

5　**誤り**。条例による事務処理特例制度により区市町村が処理することとされた事務は、事務を規定している都道府県の条例、規則を除き、当該区市町村の条例、規則が適用となる(地方自治法第252条の17の３。平11.9.14通知)。

正答　4

情報公開法①

NO.24　行政機関の保有する情報の公開に関する法律（情報公開法）に関する記述として、妥当なのはどれか。

（東京都主任試験出題）

1　この法律の目的は、国民主権の理念にのっとり、国民の知る権利及び参政権を保障し、政府の国民への説明責任を全うさせるためのものであると規定している。

2　開示請求の相手方となる行政機関には、内閣府、宮内庁、内閣府設置法に規定する機関のほか、国会、裁判所、独立行政法人も含まれる。

3　行政機関の職員が職務上作成し、又は取得した文書、図面及び電磁的記録であれば、現に当該行政機関が保有しているか否かにかかわらず、開示請求の対象となる。

4　行政機関の長は、開示請求に係る行政文書に不開示情報が記録されている場合であっても、公益上特に必要があると認めるときは、開示請求者に対し、当該行政文書を開示することができる。

5　開示請求者が開示決定を不服として審査請求を行った場合、当該行政機関の長は、行政不服審査法に基づき、行政不服審査会に諮問しなければならない。

Key Point

情報公開制度については、国に先んじて条例整備した地方公共団体もあるが、情報公開法第25条では、法律の趣旨を踏まえた、情報公開に関する地方公共団体の努力義務を規定している。

解説　情報公開制度は、国民の側から、行政機関が保有する情報の開示が求められたときに、当該情報が法定の不開示事由に当たるかどうかを判断し、当たらない限り、これを請求人に開示するシステムである（塩野『行政法Ⅰ』）。

1　**誤り**。情報公開法の目的は、行政文書の開示を請求する権利につき定めることなどにより、行政機関の保有する情報の一層の公開を図り、それにより政府の活動を国民に説明する責務が全うされるようにするとともに、国民の的確な理解と批判の下にある公正で民主的な行政の推進に資することである。「国民の知る権利及び参政権の保障」については明記されていない（情報公開法第1条）。

2　**誤り**。国会、裁判所は対象機関ではない。

3　**誤り**。対象は、行政機関の職員が職務上作成し、又は取得した文書、図面及び電磁的記録であり、当該行政機関の職員が組織的に用いるものとして保有しているものである（情報公開法第2条第2項）。

4　**正しい**。（情報公開法第7条）

5　**誤り**。審査請求が不適法で却下する場合等を除く（情報公開法第19条第1項）

正答　4

行政管理情報

情報公開法②

NO.25　行政機関の保有する情報の公開に関する法律（情報公開法）に関する記述として、妥当なのはどれか。

（特別区管理職試験出題）

1　国家公安委員会、防衛省及び外務省は、国家安全保障に関する情報や犯罪の予防、鎮圧、捜査等に関する情報を取り扱うため、開示請求の対象となる行政機関から除外されている。

2　行政機関の長は、第三者に関する情報が記録されている行政文書について開示請求があったときは、第三者の権利利益の適正な保護を図るため、いかなる場合も当該第三者に意見書の提出の機会を与えなければならない。

3　情報公開法は、国の行政機関の情報公開について定めたものであり、地方公共団体は対象となっていないので、国の行政機関が保有する文書のうち、地方公共団体の機関が作成した文書は、開示の対象とならない。

4　開示請求権を有する者は日本国民に限られず、また、その者の日本における居住は要件とされていないことから、外国に居住している外国人も日本の行政機関の保有する行政文書の開示を請求することができる。

5　行政機関の長は、開示請求に係る行政文書に不開示情報が記録されている場合、公益上特に必要があると認めるときであっても、その裁量をもって、開示請求者に対し、当該行政文書を開示することはできない。

Key Point

情報公開法は、国民の「知る権利」について明示していないものの、情報公開を通じて、政府活動を国民に説明する責務を推進する目的を持っている。

公開対象となる文書は、情報公開法の対象機関ではない国会や裁判所、地方公共団体の各機関が作成したものであっても、当該文書が公開請求先の行政機関にある場合には、開示の対象となる。

1　**誤り**。除外されていない。情報公開法は、行政機関全般の情報公開について定めている（国会や裁判所、地方公共団体は対象機関ではない）。
2　**誤り**。第三者の利益を保護するため、行政機関の長は、第三者に意見書の提出の機会を与えることができる。また、人の生命、健康、財産を保護するために公にすることが必要と認められる情報等については、意見書提出の機会を与えなければならない（情報公開法第13条1項、2項）。
3　**誤り**。行政機関が職務上作成し、取得した文書等で、組織的に用いるものとして、行政機関が保有しているものが対象となる（情報公開法第2条2項）。
4　**正しい**。（情報公開法第3条）
5　**誤り**。公益上特に必要があると認めるときは、裁量により開示が可能である（情報公開法第7条）。

正答　4

行政機関個人情報保護法

NO.26　行政機関の保有する個人情報の保護に関する法律（行政機関個人情報保護法）の記述として、妥当なのはどれか。

（特別区管理職試験出題）

1　この法律において個人情報とは、生存する個人に関する情報であって、当該情報に含まれる氏名、生年月日その他の記述等により特定の個人を識別できるものをいい、他の情報と照合することができ、それにより特定の個人を識別することができることとなるものも含まれる。

2　行政機関の長は、本人の同意があるとき、又は本人に提供するときを除き、当該行政機関の保有する個人情報を利用目的以外の目的のために自ら利用し、又は提供してはならない。

3　自己を本人とする保有個人情報の訂正を請求する者は、行政機関の長に訂正請求書を提出しなければならないが、その訂正請求書には、訂正請求の趣旨及び理由を記載する必要はない。

4　行政機関は、本人から直接書面に記録された当該本人の個人情報を取得するときは、あらかじめ本人に対して、その利用目的を明示しなければならないが、緊急に必要があるとき、又は利用目的が明らかであると認められるときに限り、明示する必要はない。

5　開示決定、訂正決定又は利用停止決定について、審査請求があったときは、当該審査請求に対する裁決をすべき行政機関の長は、必ず情報公開・個人情報保護審査会に諮問しなければならない。

Key Point

国、地方公共団体は、それぞれ法律、条令で個人情報を保護する規定を設けているが、ベースとなるのは個人情報保護法である。

解説　個人情報保護法は、官民を通じた個人情報の基本的ルールと、個人情報を取り扱う民間事業者に対する一般原則を規定している。一方で、国のすべての行政機関を対象に、個人情報保護法の特則として整備されたものが「行政機関個人情報保護法」である。（地方公共団体は、行政機関個人情報保護法の対象機関ではないが、個人情報保護法を踏まえ、個人情報の適正な取扱いに必要な措置を講ずることとなっている。）

行政機関個人情報保護法では、個人情報を、電子計算機処理に関係するものだけでなく、行政文書に記録されたすべてのものとしている。また、保護の実効性を担保するため、本人関与の仕組みを設け、本人情報の開示請求権に加え、訂正や利用停止の請求権を認めている。さらに、開示、訂正、利用停止請求等に係る決定等に対する審査請求について、第三者機関（情報公開･個人情報保護審査会）がチェックする仕組みや、行政機関の職員等に対する罰則が設けられている。

行政情報管理

1　**正しい**。（行政機関個人情報保護法第２条２項）

2　**誤り**。法令の定める事務や学術、統計上の目的等でも利用や提供ができる（行政機関個人情報保護法第８条２項）。

3　**誤り**。氏名、住所とともに、訂正請求する保有個人情報を特定するに足りる事項､訂正請求の趣旨及び理由を記載､提出する（行政機関個人情報保護法第28条）。

4　**誤り**。利用目的を明示することで、本人または第三者の生命、身体、財産その他の権利利益を害する恐れがあるときなども明示する必要はない（行政機関個人情報保護法第４条第２号及び同第３号）。

5　**誤り**。審査請求が不適法で却下する場合等を除く（行政機関個人情報保護法第43条１項）。

正答　1

行政行為の特質

NO.27　行政行為の特質からみて、訴訟上の和解により租税を減額し、又は免除することは違法であると解する説があるが、この説で言われている行政行為の特質とは、次のどれか。

（東京都管理職試験出題）

1　不可争性
2　公定性
3　自力執行性
4　法適合性
5　実質的確定力

Key Point

行政行為には、私法行為の効力とは異なる特有の効力があり、拘束力、公定力、不可争力、不可変更力、自力執行力の諸効力がある。いずれも行政が目的とする公共の福祉を、迅速、強力かつ安定的に実現するためのものとしてある。

解説　「行政行為」は、講学上発達してきた概念である。通説では、行政行為を「行政庁が、法に基づき、優越的な意思の発動又は公権力の公使として、人民に対し、具体的事実に関し法的規制をする行為(田中『新版行政法(上)』)、あるいは「行政庁が、行政目的を実現するために法律によって認められた権能に基づいて、その一方的な判断で国民の権利義務その他の法的地位を具体的に決定する行為」(原田『行政法要論』) などと定義している。

行政行為は、たとえその成立に瑕疵があっても、それが重大かつ明白な瑕疵であり、明らかに無効と認められる場合のほかは、権限ある機関(行政庁又は裁判所) によって取り消されるまでは、その相手方はもちろん、裁判所、行政庁その他の第三者もこれを有効な行為として尊重しなければならない。行政行為のこのような効力を**公定力**と呼び、行政行為の持つこのような性質を「**公定性**」という。

1　**誤り**。これは「**形式的確定力**」ともいう。行政行為に対しては、行政争訟手続によってこれを争うことが認められているが、一定の除斥期間を経過した後は、無効の場合を除き、相手方からその効力を争うことができない性質のことをいう。

2　**正しい**。

3　**誤り**。行政行為は、法律上の根拠がある場合、その相手方を拘束する力を有するが、行政庁が自力によって行政行為の内容を強制し、実現することができる性質をいう。

4　**誤り**。行政行為は、行政庁が恣意的に行うものではなく、法に基づいて行うことを要するのみならず、内容的に法に適合することを要することをいう。

5　**誤り**。これは「**不可変更性**」ともいう。行政行為は、後に行政庁の職権によって取消し又は変更されることがあるが、特定の場合には、行政庁自身もこれを取消し、変更することができない拘束を受ける。

正答　2

行政行為の効力（公定力）

NO.28　行政行為の公定力に関する記述として、妥当なのは次のどれか。　**（特別区管理職試験出題）**

1　行政行為の公定力とは、違法な行政行為によって権利利益を侵害された者であっても、不服申立期間や出訴期間を経過してしまうと、当該行政行為の違法を主張して取消しを求めることができなくなる効力をいう。

2　行政行為の公定力については、実定法上の根拠が存在するので、行政行為の効力は取消訴訟の手続によらなければ争うことができないとする、取消訴訟の排他的管轄にその根拠を求めることは一切できない。

3　行政行為には公定力があるので、行政行為に重大かつ明白な瑕疵があり無効とされる場合であっても、取消訴訟によってその効力が取り消されるまでは、当該行政行為の効力が及ぶ。

4　行政行為の公定力は、違法な行政行為によって損害を受けた者が国会賠償法に基づいて行う損害賠償請求には及ばないので、裁判所が判決で行政行為を違法として損害賠償を認めても、当該行政行為の効力は否認されない。

5　行政行為の公定力とは、行政行為により命ぜられた義務を国民が履行しない場合に、行政庁が裁判判決を得ることなく、当該行政行為自体を法的根拠として、義務者に対して自力で強制執行を行うことができる効力をいう。

Key Point

行政行為は、正当な権限を有する機関によって取り消されるまでは、一応、適法かつ有効の推定を受け、相手方だけでなく、他の行政庁や第三者もその効力を承認しなければならない。この効力を「公定力」という。

解説　**公定力**とは、行政行為の成立に瑕疵があっても、無効の場合を除き、権限のある者(行政庁または裁判所）によって取り消されるまでは、何人もこれを否定できない効力のことをいう。

公定力は、違法な行政行為であっても、適法な行政行為と同様に通用させる効力であるが、行政行為が実体上の適法性を有することの承認を強要するものではない。従って、行政行為の効力を直接否定するのでなければ、取消しがなくても、その違法を主張し、行政行為によって生じた損害の賠償をすることができる(最判昭36.4.21)。

また、取消し得べき行政行為によって損害を受けた者が、行政庁を相手取って国家賠償請求訴訟を提起することは公定力に抵触しないから、取消訴訟を経由しなくても可能である。

行政処分に対して争訟の提起があっても、処分の執行は原則として停止しない。例外としては、行政庁自らその執行を停止する場合及び裁判所の執行停止命令によって執行停止をする場合(行政事件訴訟法第25条２項）がある。なお、訴えの提起により処分の執行を停止すべきかどうかは、もっぱら立法政策上の問題である。

1　**誤り**。これは、行政行為の不可争力についての説明である。

2　**誤り**。公定力の根拠は、取消訴訟の排他的管轄に求めることができる。

3　**誤り**。行政行為に重大かつ明白な瑕疵がある場合には、公定力は認められず、無効な行政行為である。

4　**正しい**。国家賠償請求訴訟の提起と行政行為の効果は直接関係がない。

5　**誤り**。自力執行力の説明である。

正答　4

行政行為の効力（不可争力）

NO.29　行政行為の不可争力に関する記述として、妥当なのは次のどれか。　**（東京都管理職試験出題）**

1　行政行為は、一定期間内に限り争訟の提起が認められ、一定期間経過後はその効力を争い得ない効力を生ずるが、これを不可争力という。

2　行政行為は、それが無効な行為の場合でも、６か月以内に無効の宣言がなされないときは、その効力を争い得ない効力を生ずるが、これを不可争力という。

3　行政行為は、裁判や不服申立ての手続を経たことにより、行政庁といえども再びその効力を争い得ない効力を生ずるが、これを不可争力という。

4　行政行為は、それに撤回事由がある場合でも６か月以内に撤回がなされないときは、その効力を争い得ない効力を生ずるが、これを不可争力という。

5　行政行為は、それが適法に行われることにより、その行為が行われた後、一定期間内はその効力を争い得ない効力を生ずるが、これを不可争力という。

Key Point

「不可争力」（形式的確定力）とは、行政行為がなされた後、一定期間が経過した後は、相手方からその効力をもはや争うことができなくなる効力のことである。

また「不可変更力」（実質的確定力）とは、行政行為の処分庁が、取消し又は変更し得ない効力のことをいう。

解説 行政行為に不服がある場合には、原則として一定の不服申立期間(行政不服審査法第18条、54条)、または出訴期間(行政事件訴訟法第14条)内に、行政不服申立てまたは取消訴訟を提起することを要する。この不服申立期間または出訴期間を徒過すると、仮にその行政行為が違法または不当であっても、もはやその効力を争うことができなくなる。

このように不服申立期間や出訴期間が経過したり、あるいは争訟手段が尽きたことによって、もはや行政行為の効力を争うことができなくなる効力を**不可争力**という。不可争力を生じた行政行為に対する不服申立て、取消訴訟は、不適法として却下される(行政不服審査法第45条1項)。ただし、無効な行政行為については、いつでもその無効を主張できるので、不可争力は生じない。

行政行為に不可争力が付与される目的は、行政行為の効果の早期確定、あるいは行政法関係の早期安定性にある(塩野『行政法Ⅰ』)とされている。不可争力が生じるのは、行政行為の相手方についてであり、処分を行った行政庁はこれに拘束されない。

行政庁が取消し又は変更し得ない効力を「**不可変更力**」又は「**実質的確定力**」という。行政行為は、必ずしも自由に取消し、変更し得るものではなく、相手方に権利・利益を設定する行為などについては、取消しや変更が制限される。

1 **正しい**。

2 **誤り**。無効な行政行為は、いつでも、その無効を主張することができるから、期間の経過により不可争力は生じない。

3 **誤り**。これは不可変更力についての説明になっている。

4 **誤り**。行政行為の撤回は、不可変更力が認められる行政行為や相手方に権利、利益を付与する行政行為でない限り、処分庁が自由に行い得るものと解されている。

5 **誤り**。一定期間の経過により不可争力が生じる。「一定期間内」の効力ではない。

正答 1

行政行為の効力①

NO.30　行政行為の効力に関する記述として、妥当なのはどれか。　**（東京都主任試験出題）**

1　行政行為の公定力とは、正当な権限を有する機関によって取り消されるまでは、当事者間によって有効な推定を受ける効力をいうが、第三者にその効力は及ばない。

2　行政行為の違法を理由として損害賠償の請求をする場合、あらかじめ取消訴訟などで行政行為の効力を否定しておく必要がある。

3　行政行為の不可争力とは、法定期間を経過した後は、相手方からその効力を争うことができない効力をいい、実質的確定力とも呼ばれる。

4　行政行為の不可変更力とは、処分を行った行政庁が取り消し又は変更しえない効力をいい、審査請求の裁決等において、例外的に認められる。

5　行政行為の自力執行力とは、行政行為により命じられた義務を相手方が履行しないときに、行政庁が自らその内容を実現することができる効力をいい、行政行為には特に法律に定めがなくても当然に効力があるとされる。

Key Point

有効に成立した行政行為の特質として、拘束力、公定力、不可争力、不可変更力、自力執行力がある。行政行為のさまざまな効力とその意義、特色を混同することなく、押さえておく必要がある。

行政行為の特質については、【NO.27】の解説を参照。

1　**誤り**。相手方はもちろん一般第三者もその効力は及ぶ。

2　**誤り**。行政行為の違法を理由として損害賠償請求するにあたり、あらかじめ当該行政処分について取消し又は無効の確認の判決を得なければならないものではない。

3　**誤り**。前半の定義自体は正しいが、不可争力は形式的確定力とも呼ばれる。

4　**正しい**。

5　**誤り**。自力執行力は、行政行為すべてに認められる効力ではなく、法律の根拠がある場合に限って認められる。

正答　4

行政行為の効力②

NO.31　行政行為の効力に関する記述として、妥当なのはどれか。　**（特別区管理職試験出題）**

1　課税庁が法人税の更正決定をした後に、その法人に更正決定に当たり認定した所得のないことが判明した場合、当該課税庁は、上級監督庁の同意がなければ、当該更正決定を取り消すことができない。

2　課税庁が法人税の更正決定をし、その法人がこの決定に係る税額を納期限までに支払わない場合、当該課税庁は、当該法人に対し、滞納税額の支払請求訴訟を提起する以外にその税の徴収手段がない。

3　課税庁の行った法人税の更正決定について不服ある法人が、当該課税庁に審査請求を提起した場合、当該法人は、この審査請求に対する決定があるまで、その更正決定に係る法人税額を納付する必要がない。

4　審査庁が、法人税の更正決定に係る審査請求を棄却した後に、裁決において認定した当該法人の所得に誤りのあったことが判明した場合、審査庁は、直ちに当該裁決を取り消すことができる。

5　課税庁から法人税の更正決定を受けた法人は、税法が更正決定について不服申立前置を定めているので、不服申立期間を徒過した後は、当該更正決定の取消しを請求する訴訟を提起することができない。

Key Point

裁決も行政処分にほかならないので、一般の行政処分が有するのと同じ効力を有する。いわゆる「公定力」「自力執行力（処分を変更した裁決の場合）」「不可争力」がそれである。

行政処分を行った行政庁とその上級行政庁との関係を、特に処分に対する不服申立てという観点から整理しておく必要がある。

1　**誤り**。課税庁は、上級監督庁の同意がなくても、更正決定を取り消すことができる。「行政庁は、明文の規定がない場合でも、取消権を有する。監督庁も取消権を有するという見解が有力であるが、明文の規定がないかぎり、当然には取消権を有せず、ただ行為庁に対して取消を命じうるにとどまると解される」(原田『行政法要論)』)。

2　**誤り**。法人税は、強制徴収できる。

3　**誤り**。更正決定には公定力があるので、法人税額を納付する必要がある。不服申立てが行われた場合に、その審理が終了し、裁決・決定がされるまで、行政庁が、その対象となっている処分の執行をすることができないとすると、本来、公益の追求を目的とする処分の執行が停滞することになる。公共の福祉に反する結果にならないではないとの配慮から、行政不服審査法は、不服申立てが「処分の効力、処分の執行又は手続の執行を妨げない」ものと定め（行政不服審査法第25条)、いわゆる執行不停止の原則を採用している。

4　**誤り**。裁決を取り消すことはできない。異議の決定、訴願の裁決等は、一定の争訟手続に従い、なかんずく当事者を手続に関与せしめて、紛争の終局的解決を図ることを目的とするものであるから、それが確定すると、当事者がこれを争うことができなくなる。行政庁も特別の規定がない限り、裁決を取り消し又は変更し得ない拘束を受ける（最判昭42.9.26)。

5　**正しい**。(国税通則法第115条)

正答　5

行政行為の効力③

NO.32　行政行為の効力に関する記述として。妥当なのはどれか。　**(東京都管理職試験出題)**

1　行政行為により形成された法関係又は権利義務に不服がある者は、その行政行為に重大かつ明白な瑕疵があっても、民事訴訟や当事者訴訟によりこの行政行為により形成された法関係や権利義務を直接に争うことができない。
2　行政行為に対して不服がある者は、一定の期間のうちに、審査請求又は取消訴訟を提起しなければならず、この期間を経過すると、もはやその効力を争うことはできず、行政庁の側でも職権により行政行為を取り消すことはできない。
3　違法な行政行為によって損害を受けた者は、国家賠償法における損害賠償を請求することができるが、この場合、事前に行政処分の取消しの判決を得ておく必要がある。
4　行政行為によって命ぜられた義務を国民が履行しない場合に、行政庁は、裁判判決を得なければ、義務者に対して強制執行を行い、義務の内容を実現することができない。
5　行政行為の中でも、審査請求の裁決のように、紛争裁断作用として行われる行政行為については、行政庁による取消し・変更は許されず、不可変更力が認められる。

Key Point

行政行為の持つ公定力、不可争力、不可変更力、自力執行力といった基本的な性格については、繰り返し出題されている項目である。

解説　行政行為の瑕疵が取消原因となるにとどまるのか、無効原因となるのかについて、判例・通説は**重大明白説**をとっている。すなわち、行政処分は、それが当該国家機関の権限に属する処分としての外形的形式を具有する限り、仮にその処分に関し違法の点があったとしても、その違法が重大かつ明白である場合のほかは、法律上、当然無効となすべきではない（最判昭31.7.18）とされている。

1　**誤り**。行政行為が重大かつ明白な瑕疵を有する場合は、無効な行政行為となり、公定力を含め、法的効力は発生しない。
2　**誤り**。行政庁による職権取消は可能である。ただし、不可変更力が認められる行政行為（相手方に権利・利益を設定する行為、争訟や行政聴聞の決定として行われた行為、利害関係者の参与によってなされる確認行為）については、行政庁による職権取消は認められない。
3　**誤り**。取消訴訟を経る必要はなく、直接損害賠償請求をすることができる（最判昭36. 4. 21）。
4　**誤り**。裁判所の判決は不要とされている（自力執行力）。
5　**正しい**。

正答　5

行政行為の効力④

NO.33　行政行為の効力に関するA～Dの記述のうち、通説に照らして、妥当なものを選んだ組合せはどれか。

（特別区管理職試験出題）

A　公定力とは、行政行為が違法であっても、権限ある行政庁又は裁判所によって取り消されない限り有効とされる効力をいい、たとえ該当行為が重大かつ明白な瑕疵を有するため無効であると認められる場合であっても、権限ある行政庁又は裁判所が取り消すまでは、有効とされる。

B　不可争力とは、一定期間を経過すると、私人の側から行政行為の効力を争うことができなくなる効力をいうが、行政庁の側で職権により行政行為の取消しをすることは妨げられない。

C　自力執行力とは、行政行為により課せられた義務を相手方が履行しない場合に、行政庁が自ら強制執行することを可能にする効力をいい、自力執行力は行政行為に当然備わる効力であるため、法律の根拠を必要としない。

D　不可変更力とは、一度行った行政行為について、処分庁は自ら取り消し、または変更することができない効力をいい、行政上の不服申立てに対する裁決のような争訟裁断行為について認められる。

1　A　B　　2　A　C　　3　A　D
4　B　C　　5　B　D

Key Point

行政行為の効力を問う問題は、過去にも繰り返し出題されている頻出事項である。行政行為の各効力の名称とその特徴について一通り把握しておくことが必要である。

解説　行政行為の特質として挙げられる効力を改めて整理すると、以下のとおり。

①**公定力**……法律や条例の規定に違反していても、権限ある行政庁が正式にこれを取り消さない限り、原則として有効とされ、国民を拘束する力。

②**不可争力**……出訴期間経過後は、処分庁が職権で自発的に行政行為を取り消さない限り、その行政行為の違法を主張することができなくなる効力。

③**自力執行力**……行政行為によって課せられた義務を国民が履行しない場合、行政庁が裁判判決を得ることなく、自らの手で義務者に対し強制執行をし、義務の内容を実現することができる効力。

④**不可変更力**……権限ある機関がいったん判断を下した以上、自らその判断を覆し得ない効力。

A　**誤り**。公定力とは、たとえ行政行為が違法であっても、重大かつ明白な瑕疵がない限りは、正式な機関が取り消すまで有効なものとして扱う効力のことをさす。行政行為が重大かつ明白な瑕疵を有し無効であると認められる場合は、公定力は認められない。

B　**正しい**。

C　**誤り**。自力執行力は、行政行為すべてに認められる効力ではなく、法律の根拠がある場合に限って認められる。

D　**正しい**。

正答　5

行政行為の分類

NO.34 行政行為の学問上の分類に関する記述として、妥当なのはどれか。　**(東京都管理職試験出題)**

1　下命とは、国民に一定の作為を命じる行政行為であり、下命に違反して行われた行為は、行政上の強制執行の対象となることはなく、行政罰の対象とされる。

2　許可とは、既に法令や行政行為によって課せられた一般的禁止を、特定の場合に特定人に解除する行政行為であり、例として、外国人の帰化の許可があげられる。

3　特許とは、国民が本来有しない権利や権利能力を設定する行政行為であり、例として、特許法に基づく特許があげられる。

4　認可とは、私人間で締結された契約などの法律行為を補充して、その法律上の効果を完成させる行政行為であり、認可を必要とする法律行為が認可を受けないで行われた場合は無効となる。

5　公証とは、特定の事実又は法律関係の存否について公の権威をもって判断する行政行為であり、例として、公職選挙法に基づく選挙における当選人の決定があげられる。

Key Point

行政行為は、2つに分類される。法律行為的行政行為は、行政庁がある一定の法律行為の発生を欲する意思を持ち、これを外部に表示する表示行為によって成立する行政行為をいう。準法律行為的行政行為は、行政庁の意思表示ではなく、それ以外の判断や認識の表示に対し、法律により一定の法的効果が結合される結果、行政行為とされるものである。

解説

- 行政行為
  - 法律行為的行政行為
    - 命令的行為
      - 下命
      - 禁止
      - 許可
      - 免除
    - 形成的行為
      - 特許
      - 認可
      - 代理
  - 準法律行為的行政行為
    - 確認
    - 公証
    - 通知
    - 受理

【下命】国民に一定の行為をする義務(作為義務)を課す行為**【禁止】**国民に一定の行為をしてはならない義務(不作為義務)を課す行為**【許可】**法律又は行政行為によって課されている一般的な禁止を特定の場合に解除する行為**【免除】**法律又は行政行為によって課されている作為義務を解除する行為**【特許】**特定人に対し、新たな権利を設定し、法律上の地位を付与する行為**【認可】**第三者の契約などの法律行為を補充して、その法律上の効力を完成させる行為**【代理】**第三者のなすべき行為を国や地方公共団体が代わって行い、その第三者が行ったのと同じ効果を発生させる行為**【確認】**法律関係の存否について、公の権威をもって確定する行為**【公証】**特定の法律関係の存在を公に証明する行為**【通知】**一定の事項を知らせる行為**【受理】**他人の行為を有効な行為として受け付ける行為

1 **誤り**。命令的行為の義務違反に対しては、違反状態を是正するために、強制執行がなされたり、行政罰が科されるのが通常である。

2 **誤り**。前半は正しいが、後半の外国人の帰化の許可は「特許」に分類される。

3 **誤り**。特許法に基づく特許は「確認」に分類される。

4 **正しい**。「認可」の例としては、農地の譲渡における農業委員会の許可、公共料金の認可などがある。

5 **誤り**。設問の行政行為は「確認」である。

正答 4

法律行為的行政行為と準法律行為的行政行為

NO.35 法律行為的行政行為と準法律行為的行政行為とに関する記述として、妥当なのは次のどれか。**(東京都管理職試験出題)**

1　法律行為的行政行為とは、拘束力を要素とするもので、行政庁が一定の法的効果の発生を欲する意思を持ち、これを文書で表示する行為により成立する行政行為をいう。

2　準法律行為的行政行為とは、行政庁の意思表示を要素とするものではなく、それ以外の判断なり認識の表示に対し、法により一定の法的効果が付せられる結果、行政行為とされるものをいう。

3　法律行為的行政行為では、行政庁が行政裁量の認められる範囲で附款を付けることができるのに対し、準法律行為的行政行為では、法が明文で規定する場合を除き附款を付けることができない。

4　法律行為的行政行為は、国民が本来有していない特別な権利や法的地位などを付与する行為であり、公の選挙における当選人の決定や年金受給権の裁定はこの行為に含まれる。

5　準法律行為的行政行為は、国民が本来有している権利を制限し、又はその制限を解除する行為であり、交通妨害物件の除去の命令や、自動車運転の免許はこの行為に含まれる。

Key Point

「法律行為的行政行為」と「準法律行為的行政行為」の違いを正確に理解しておきたい。

解説　「**法律行為的行政行為**」とは、行政庁の意思表示、すなわち行政庁が一定の法律効果の発生を欲する意思（効果意思）を持ち、これを外部に表示する行為（表示行為）によって成立する行政行為をいう。

これに対し、「**準法律行為的行政行為**」とは、行政庁の意思表示ではなく、それ以外の判断や認識の表示に対し、法律により一定の法的効果が結合されることによって、行政行為として承認されるものである（原田『行政法要論』）。

1　**誤り**。法律行為的行政行為は、表示行為によって成立する。また、文書による表示は、効力発生要件ではない。

2　**正しい**。

3　**誤り**。行政行為の附款とは、行政行為の効果を制限するために付せられる従たる意思表示をいう。附款は、主たる意思表示の内容を制限するものであるから、法律行為的行政行為にのみ付することができ、意思表示を要素としない準法律行為的行政行為には、付する余地はない。

4　**誤り**。当選人の決定や年金受給権の裁定は、いずれも準法律行為的行政行為のうち、確認行為に分類される。

5　**誤り**。これは命令的行為の説明になっている。除去の命令は下命、自動車運転免許は許可にあたるとされる。

正答　2

準法律行為的行政行為

NO.36 行政法学上の準法律行為的行政行為に関する記述として、通説に照らして、妥当なのはどれか。**（特別区管理職試験出題）**

1　準法律行為的行政行為である確認は、特定の事実又は法律関係の存否について公の権威をもって判断し確定する行為であり、行政庁の効果意思を要素としない行政行為である。

2　準法律行為的行政行為である公証は、特定の事実又は法律関係の存否を公に証明する行為であり、その例としては、公の選挙の当選人の決定や建築確認がある。

3　準法律行為的行政行為である通知は、特定の人又は不特定多数の人に対して特定の事項を知らせる行為であり、その例としては、不動産登記簿への登記や選挙人名簿への登録がある。

4　準法律行為的行政行為である受理は、届出・申請などの申出を有効なものとして受領する行為であり、法律が一定の法律効果を付与するものではなく、単なる事実行為にすぎない。

5　準法律行為的行政行為である代理は、行政庁が法律上当事者に代わり当事者が自ら行ったのと同様な効果を生じさせる行為であり、その例としては、収用委員会による土地収用の裁決がある。

Key Point

実務上作用している具体的な行政行為が、法律行為的行政行為・準法律行為的行政行為の中のどの種類に当たるのか整理しておきたい。

解説

準法律行為的行政行為	確認	例：建築確認、当選人の決定
	公証	例：選挙人名簿への登録、戸籍への記載
	通知	例：納税の督促、代執行の戒告
	受理	例：不服申立書の受理

1 **正しい**。

2 **誤り**。公の選挙の当選人の決定や建築確認は「確認」の例である。

3 **誤り**。不動産登記簿への登記や選挙人名簿への登録は「公証」の例である。

4 **誤り**。受理とは、人の行為を有効なものとして受領することによって、法律により法的な効果が発生するものである。

5 **誤り**。代理は法律行為的行政行為の形成的行為に分類されている。

正答 1

許可及び認可

NO.37　学問上の許可及び認可に関する記述として、妥当なのはどれか。　**（東京都管理職試験出題）**

1　許可は、特定人のために新たに権利を設定する行為であるが、認可は、特定の場合にすでに課せられている義務の全部又は一部を解除する行為である。

2　許可は、それを受けるべき行為を許可なくしてしたときは、その行為は原則として無効であるが、認可は、それを受けるべき行為を許可なくしてしたときでも、その行為の効力は当然には否定されない。

3　許可は、行政庁が自由裁量によって許可を拒むことは許されるとするのが原則であるが、認可は、行政庁が自由裁量によって認可を拒むことができ、申請に対し修正を加えて認可することもできる。

4　許可は、国民に一定の行為をする作為義務を課す行為であるが、認可は、特定の事実又は法律関係の存在を前提として作為義務を課す行為である。

5　許可は、一般的禁止を特定の場合に解除し、一定の行為が適法にできるようにする行為であるが、認可は、第三者の行為を補充してその法律上の効力を完成させる行為である。

Key Point

「許可」とは、法律又は行政行為によって課されている一般的禁止を特定人に対して解除し、適法に一定の行為をする自由を回復する行為である。その対象は、法律的行為だけでなく、事実的行為であることもある。事実として一定の行為を取り締まることを目的とするため、無許可の行為も私法上の効力は発生する。

「認可」とは、他人の法律行為の効力を補完する行政行為である。その対象は法律的行為に限られ、法律で認可が要件とされているのに無認可で行われた行為は効力を生じない。

「許可」を要する行為を許可なく行った場合でも、その行為が当然に無効とされるものではなく、強制執行又は処罰の対象となるにとどまる。

「認可」は、第三者の契約、合同行為などの法律行為を補充して、その法律上の効果を完成させる行為である。法律で認可が要件とされている場合、これを受けないで行った契約等は、効力を生じない。また、本体である私人の法律行為に瑕疵がある時には、認可があっても、私法上有効となることはない。

1 **誤り**。前半部分は「特許」、後半部分は「許可」の説明である。

2 **誤り**。許可と認可の説明が逆である。

3 **誤り**。許可は、本来、各人の有している自由を回復させる行為であるから、行政庁は、自由裁量によって許可を拒み、国民の自由を制約することは許されないとするのが原則である。

4 **誤り**。一定の作為義務、不作為義務又は受忍義務を課す行政行為を「下命」という。

5 **正しい**。

正答 5

許可

NO.38　次の法律行為Ａ～Ｅのうち、行政法学上の許可に該当するものを選んだ組合せとして、妥当なのはどれか。

（特別区管理職試験出題）

Ａ　医師法に基づく医師の免許
Ｂ　道路法に基づく道路の占用の許可
Ｃ　鉱業法に基づく鉱業権の設定の許可
Ｄ　火薬類取扱法に基づく火薬類の製造の許可
Ｅ　土地収用法に基づく土地収用にかかわる事業の認定

1　Ａ　Ｃ
2　Ａ　Ｄ
3　Ｂ　Ｄ
4　Ｂ　Ｅ
5　Ｃ　Ｅ

Key Point

具体的な行政行為が学問上のどの行為に当たるのか、正しく理解しておく必要がある。「許可」、「特許」、「認可」などは、実定法上は必ずしも正確に使い分けられてはいないので、注意を要する。

個々の行政行為の名称については、実定法上、必ずしも正確に使用されていない。許可を認可と呼んだり、特許を許可と呼んでいる例も見られることから、注意を要する。

医師法に基づく医師の免許、火薬類取締法に基づく火薬類の製造の許可は、その職務の重要性、危険性等から、一般的禁止を特定の者に対して解除し、自由を回復させる行政行為、すなわち「**許可**」に該当する。

鉱業法に基づく鉱業権の設定、道路・河川の占用許可、公有水面の埋立免許、土地収用にかかわる事業認定等は、特定の者に排他的権利を設定する行為であるから、講学上の「**特許**」に該当する。

行政行為

正答　2

特許

NO.39　次の行政行為Ａ～Ｅのうち、行政法学上の特許に該当するものを選んだ組合せとして、妥当なのはどれか。

（特別区管理職試験出題）

Ａ　道路法に基づく道路の占用の許可
Ｂ　農地法に基づく農地の権利移転の許可
Ｃ　鉱業法に基づく鉱業権設定の許可
Ｄ　河川法に基づく河川占用権の譲渡の承認
Ｅ　特許法に基づく特許

1　Ａ　Ｃ
2　Ａ　Ｄ
3　Ｂ　Ｄ
4　Ｂ　Ｅ
5　Ｃ　Ｅ

Key Point

行政法学上の許可、認可、特許は、日常生活で用いられる言葉と混同するところがある。それぞれの特徴と具体例については、正確に理解しておきたい。

解説　「**特許**」とは、直接の相手方のために、権利能力、特定の権利又は包括的な法律関係を設定する行為である。

河川区域内の土地の占有の許可、電気事業の営業の許可のほか、鉱業権設定の許可、公有水面埋立ての免許などが特許の例である。

特許の法律効果としては、相手方の一定の権利又は権利能力の発生となる。特許は、他人の土地に埋蔵する鉱物を採掘し取得することや、公共用の水面を埋め立てて埋立地を取得することなどの、本来、人が当然に行うことのできる自由に属するものでない行為を対象とし、第三者に対抗できる法律上の地位を相手方に与える。

これに対し「**許可**」は、権利が特に設定されなくとも、本来、人が当然に行うことのできる自由に属する行為を対象とするものである。従って、許可を受けた者は、対象たる行為を行っても違法でないというだけのことで、同じく許可を受けた第三者に対抗できる権利を保障されるものではない。

行政行為

Aは特許である。
Bは認可である。
Cは特許である。
Dは認可である。
Eは確認である。

正答　1

通知

NO.40 次の行政行為Ａ～Ｅのうち、行政法学上の通知に該当するものを選んだ組合せとして、妥当なのはどれか。

（特別区管理職試験出題）

Ａ　土地収用法に基づく事業認定の告示

Ｂ　道路法に基づく道路の区域の決定

Ｃ　行政代執行法に基づく代執行の戒告

Ｄ　国税通則法に基づく租税滞納者に対する納税の督促

Ｅ　河川法に基づく河川区域内の土地の占用権の譲渡の承認

1　Ａ　Ｂ　Ｄ
2　Ａ　Ｃ　Ｄ
3　Ａ　Ｃ　Ｅ
4　Ｂ　Ｃ　Ｅ
5　Ｂ　Ｄ　Ｅ

Key Point

準法律行為的行政行為は、意思表示以外の精神作用の発現を要素とし、法が付与する内容の法律効果を生ずる行為である。通知以外の準法律行為的行政行為として、確認、公証、受理がある。

解説　**通知**とは、特定または不特定多数の対象に対し、一定の事実または行為者の意思を知らしめる行為である。通知の効果は、法律の定めるところによる。

例えば、通知行為である納税の督促、代執行の戒告は、行為自体は何の効果も生じないが、滞納処分や代執行を行う前提要件とされる。そのため、こうした行為を実行することにより、前提要件を満足させるという法的意味を持つ。

確認においては宣言を目的として、**公証**においては証明を目的として、それぞれの表示が行われるのに対し、**通知**においては表示そのものを目的とするところに特徴がある。

A　土地収用法に基づく事業認定の告示は、通知。
B　道路法に基づく道路の区域の決定は、確認。
C　代執行の戒告は、通知。
D　納税の督促は、通知。
E　河川法に基づく河川区域内の土地の占用権の譲渡の承認は、認可。

従って、通知に該当するものはA、C及びDである。

正答　2

行政行為の成立要件

NO.41 行政行為の成立要件に関する記述として、妥当なのは次のどれか。 **（東京都管理職試験出題）**

1　行政行為は、正当な権限のある行政庁によりその権限内の事項について行われることが必要であり、また相手方の同意を前提要件とする場合、その同意を欠く行為は、原則として無効である。

2　行政行為は、正当な権限のある行政庁によりその正常な意思に基づいてなされることが必要であり、相手方の詐欺によりその意思表示に瑕疵がある場合、それに基づく行為は、当然に無効である。

3　行政行為は、法の定める手段を踏むことが必要であり、その手続が行政の合理的かつ円滑な運営など行政上の便宜を目的としている場合、その手続を欠く行為は、当然に無効である。

4　行政行為は、法の定める手続を踏むことが必要であり、相互に目的及び効果を異にする数個の行政行為が連続してなされる場合、先行行為が違法なときは、後行行為は、当然に無効である。

5　行政行為は、一定の形式性及び成文性を備えることが必要であり、その行為を行った日付の記載を要する場合、その記載を欠く行為は、後日補充がなされたとしても、原則として無効である。

Key Point

行政行為に内在する瑕疵が、無効の原因であるか、取消しの原因であるかは、具体的事情により異なる。どのようなケースが行政行為の無効とされるのか、押さえておく必要がある。

解説　行政行為が有効に成立するためには、その主体、内容、手続、形式などすべてについて、法の定める要件に適合することが要請される。これらの要件のいずれかを欠く行為は、行政行為として完全な効力を生じ得ない。このような行政行為を**瑕疵ある行政行為**という。

瑕疵ある行政行為は、瑕疵の態様と程度により**無効の行政行為**と**取り消し得べき行政行為**とに区別される。両者の区別の基準は、通説では、**通常の瑕疵は取消原因、重大かつ明白な瑕疵は無効原因**であるとする。判例でも「**重大明白説**」が行政行為の無効に関する一般理論としてほぼ定着している。

1　**正しい**。同意が前提要件とされている場合には、同意を欠く行為は、原則として無効である。

2　**誤り**。詐欺・脅迫等による場合など、意思決定に瑕疵がある行政行為は、当然に無効ではなく、取消原因となるにとどまる。

3　**誤り**。行政上の便宜を目的とした手続の瑕疵がある場合には、その手続を欠くからといって直ちに当然無効と解すべきではない。

4　**誤り**。連続して行われる行政行為が一つの目的の実現に向けられた行為であれば、その違法性は承継する場合があるが、そうでない場合には後行行為は当然には無効とされない。

5　**誤り**。行政行為に付される日付は、単に行政行為を行った日を明確にする意味を持つにとどまり、日付の記載を欠く行政行為は、そのことをもって直ちに無効とはならないと解されている。

正答　1

無効な行政行為等

NO.42 無効な行政行為又は取り消し得べき行政行為に関する記述として、妥当なのは次のどれか。　**（東京都管理職試験出題）**

1　無効な行政行為とは、行政行為に内在する瑕疵が重要な法律違反であることが明白であるが、正当な権限のある行政庁又は裁判所の取消しがなければ、既往に遡及して効力を失わない行政行為である。

2　無効な行政行為とは、行政行為の主体、内容、手続等に瑕疵があって、その無効を確認する訴訟を提起するためには、当該処分についての審査請求に対する裁決を事前に経なければならない行政行為である。

3　無効な行政行為とは、行政行為として存在しているにもかかわらず、正当な権限のある行政庁又は裁判所の取消しがなくとも、初めから行政行為としての法律的効果を全く生じない行政行為である。

4　取り消し得べき行政行為とは、行政行為に内在する瑕疵が軽微であると処分行政庁が判断し、これを前提として手続が進められたとき、その瑕疵が治癒され、有効な行政行為として取り扱われる行政行為である。

5　取り消し得べき行政行為とは、その成立に瑕疵があるため、正当な権限のある行政庁又は裁判所の取消しがなくても、関係行政庁その他の国家機関は独自にその効力を否定することができる行政行為である。

Key Point

瑕疵ある行政行為はその態様により、「無効な行政行為」と「取り消し得べき行政行為」とに区別される。

解説　国民が行政行為の効力を争う場合には、不服申立てや取消訴訟によらなければならないが、瑕疵が無効原因に当たるときは、国民は、いつでも誰でも処分の無効を主張することができる。このように救済手続に差が生じるため、無効な行政行為と取り消し得べき行政行為との区別が必要とされる。

「無効な行政行為」とは、行政行為として存在するにもかかわらず、正当な権限のある行政庁または裁判所の取消しを待たずに、はじめから法律的効果を全く生じえないような行為をいう。すなわち国民は、無効な行政行為を無視することができる。

「取り消し得べき行政行為」とは、行政行為として存在するにもかかわらず、正当な権限のある行政庁が職権により、もしくは取消訴訟の提起により取り消すか、又は裁判所が取消訴訟の提起に基づき、これを取り消してはじめて効力を失うような行政行為をいう。

1　**誤り**。無効な行政行為は、はじめから法律的効果を全く生じ得ないような行為である。

2　**誤り**。無効な行政行為は、はじめから法律的効果を全く生じ得ない行政行為であり、訴訟においても審査請求前置や出訴期間の制限はない。

3　**正しい**。

4　**誤り**。取り消し得べき行政行為のすべてが、瑕疵の治癒される行政行為とは限らない。瑕疵の治癒は、あくまで例外である。

5　**誤り**。取り消し得べき行政行為とは、その成立に瑕疵があるにもかかわらず、正当な権限のある行政庁が職権により、もしくは取消訴訟の提起により取り消すか、又は裁判所が取消訴訟の提起に基づき、これを取り消してはじめて効力を失うような行政行為をいう。

正答　3

無効な行政処分

NO.43 無効な行政処分に関する記述として、判例、通説に照らして妥当なのはどれか。　**(特別区管理職試験出題)**

1　行政庁が行政処分を行うに当たり、法律が当該行政処分に係る処分書に理由を付記すべき旨を定めている場合において、当該行政庁の付記した処分の理由が不備であるときは、当該行政処分は無効である。

2　行政庁が錯誤に基づいて行政処分を行ったときは、当該行政処分の内容が客観的に法律に適合している場合であっても、当該行政処分は無効である。

3　行政庁がその裁量権の範囲を越え又はその裁量権を濫用して行政処分を行った場合には、当該行政処分は無効である。

4　行政処分の要件の存在を肯定する処分庁の認定に重大かつ明白な瑕疵があり、当該瑕疵が当該行政処分の成立当初から誤認であることが外形上、客観的に明白である場合には、当該行政処分は無効である。

5　行政庁が法律の定める手続を踏まずに行政処分を行った場合、当該手続を履践しなかったことが当該行政処分の内容自体に影響を与えないものであっても、当該行政処分は無効である。

Key Point

一般的に行政行為の瑕疵としては、主体に関する瑕疵、内容に関する瑕疵、手続に関する瑕疵、形式に関する瑕疵がある。通説及び判例は、重大かつ明白な瑕疵をもって行政行為の無効原因としていることを常に意識すること。

行政処分の成立に瑕疵があり、瑕疵の程度が正当な権限行政庁又は裁判所による取消しを待たなくとも、**はじめから行政行為の内容に適合する効果を全く生ずることのできないものであるとき、行政処分は無効**とされる。

行政処分が無効である場合は、相手方は従う義務を負わず、また行政庁が執行した場合に拒否できる。さらに、無効確認の請求を、いつでも、直接に裁判所に対して提起することができ、無効確認以外の訴訟の過程において、その行政処分の無効を主張できる。

ただし、行政処分は、本来的に公益を実現するために行われるものであるため、瑕疵ある行政行為を無効とすることが、法律関係の安定を著しく妨げ、公共の福祉に重大な影響を及ぼす場合においては、無効の行政処分を有効として扱うことがある。

1　**誤り**。処分に付記した理由の不備が、すべて無効の原因になるわけではない。

2　**誤り**。民法の意思表示の瑕疵に関する規定が適用されるかは、一般には消極に解され、錯誤に基づく行政処分であっても、その内容が客観的に法律に適合している場合には、適法とされる。

3　**誤り**。裁量権の喩越又は濫用があった場合の行政処分が、すべて無効になるわけではない。

4　**正しい**。

5　**誤り**。手続に関する瑕疵については、当事者の防御権を完全に無視した処分は無効であり、不備な手続でした処分は、取消事由にあたると扱うのが適当である。しかし、軽微な手続上の瑕疵は、処分の内容に影響を及ぼしうる性質のものでなければ、取消事由にも無効事由にもならない。

正答　4

瑕疵ある行政行為①

NO.44 瑕疵ある行政行為の取消しに関する記述として、妥当なのは次のうちどれか。　**（東京都管理職試験出題）**

1　瑕疵ある行政行為の取消権は、処分行政庁と裁判所のみがこれを有し、その行使は行政行為の相手方からの取消請求又は取消訴訟提起があった場合に限って認められる。

2　瑕疵ある行政行為の取消権は、行政行為の瑕疵が軽微であり、その行政行為を前提として新しい権利義務関係が形成されていった場合でも、法治主義の原則から、常にこれを行使できる。

3　瑕疵ある行政行為の取消しの効果は、原則として既往に遡るが、取消しの原因が当事者の責に帰すべき場合を除いて、当事者の不利益のためには原則として既往に遡らない。

4　瑕疵ある行政行為の取消しは、不当な公益違反の是正ではなく、違法な行政行為の是正を目的とするものであり、その取消しについて明示の法律の根拠がある場合に限って認められる。

5　瑕疵ある行政行為の取消しは、実質的確定力が生じる行政行為については、原則として処分行政庁が職権でこれを取り消すことができるが、行政行為の相手方の請求によっては取り消すことができない。

Key Point

瑕疵ある行政行為について、その瑕疵の態様を基本に、当該行政行為を取り消すことができる場合の要件、効果などを正確に理解しておく必要がある。

解説　行政行為が法の定める要件を欠く場合(**違法の行政行為**)、又は公益に反する場合(**不当の行政行為**)には、行政行為として、その目的とする効力を生じ得ない。

このように行政行為の効力の発生を妨げる事情を行政行為の瑕疵といい、これを持った行政行為を一般に**瑕疵ある行政行為**という(田中『新版行政法(上)』)。

瑕疵ある行政行為は、瑕疵の態様と程度により無効の行政行為と取り消し得べき行政行為とに区別される。両者の区別の基準は、通説では、重大かつ明白な瑕疵は無効原因となり、通常の瑕疵は取消原因であるとされる。

1　**誤り**。瑕疵ある行政行為の取消しは、処分行政庁、監督行政庁及び裁判所のみがこれをなしうる。また、行政庁は、相手方からの取消訴訟の提起を待たずに職権で取り消すことができる場合がある。

2　**誤り**。行政行為の取消しについては、取消原因が存在するだけでは足りず、取消しを必要とするだけの公益上の必要がなければならないと解されている。

3　**正しい**。

4　**誤り**。公益に反するような不当な行政行為の是正を目的とする場合についても認められる。また、少なくとも処分行政庁は、法律上明示されていなくても取消しが可能である。

5　**誤り**。実質的確定力が生じた行政行為については、もはや処分行政庁であっても、これを取り消すことができない。

正答　3

瑕疵ある行政行為②

NO.45 瑕疵ある行政行為に関する記述として、妥当なのはどれか。
（特別区管理職試験出題）

1　救済方法との関係から、瑕疵ある行政行為を分類すると、取消し得べき行政行為、無効の行政行為及び行政行為の不存在の三つに分かれる。

2　無資格者が公務員に選任されて外観上公務員として行った行為は、無権限者の行為となり、当該行為には重大かつ明白な瑕疵があるので、無効である。

3　行政行為の違法が軽微であれば、当該行政行為を適法とすることが相手方の利益を害する場合であっても、行政行為の無用な繰り返しを避けるため、その行政行為は適法となる。

4　行政行為の瑕疵はそれぞれ独立して判断されるべきものであるが、先行処分と後行処分とが連続した一連の手続を構成し、一定の法律効果の発生を目指している場合には、先行処分が違法ならば、後行処分も違法となる。

5　行政庁は、行政処分の名あて人が死亡した場合、いかなる場合であっても当該処分をその者の相続人に対する処分とし有効なものとして取り扱うことはできない。

Key Point

行政行為の瑕疵の程度、態様により、その扱いは異なることになる。①無効の行政行為、②取り消し得べき行政行為、③有効なものとして取り扱う場合（瑕疵の治癒、無効行為の転換等）について押さえておく必要がある。

解説 行政行為には公定力が認められるから、原則として適法の推定を受け、権限ある行政庁又は裁判所によって取り消されるまでは、瑕疵があっても一応有効とされる。しかし、瑕疵の態様と程度はさまざまであり、瑕疵ある行政行為のすべてが、取消しのあるまでその効力を否定できないものであるとすると、違法な行政行為によって権利、利益を侵された者の救済に欠けることになる。ここに、取り消し得べき行政行為から無効の行政行為を区別する意義が発生する。

無効の行政行為は、行政行為として存在するにもかかわらず、はじめから効力を持ち得ないものであり、何人も自己の判断と責任においてこれを無視することができる。

1 **誤り**。瑕疵ある行政行為は、通常、取り消し得べき行政行為と無効の行政行為に分類されている。

2 **誤り**。無資格者が公務員に選任されて外観上公務員として行った行為は、有効なものとして扱われる。

3 **誤り**。違法な行政行為を適法なものとするのは、あくまで例外であり、相手方の利益を害する行政行為を適法なものとすることはできない。

4 **正しい**。

5 **誤り**。処分の名あて人が死亡した場合、その者の相続人に対する処分として有効なものとして取り扱う場合がある。

正答 4

瑕疵ある行政行為③

NO.46 行政法学上の瑕疵ある行政行為に関する記述として、判例、通説に照らして、妥当なのはどれか。

（特別区管理職試験出題）

1　行政行為の瑕疵の治癒とは、行政行為に瑕疵があって本来は違法又は無効であるが、これを別個の行政行為として見れば、瑕疵がなく適法要件を満たしている場合に、別個の行政行為としてその効力を維持することをいう。

2　行政行為の瑕疵は、それぞれ独立して決するべきであるから、先行処分と後行処分が連続した一連の手続を構成し、一定の法律効果の発生をめざしている場合でも、先行処分の違法性が後行処分に承継されることは一切ない。

3　最高裁判所の判例では、外国人退去強制令書において、法令の要請する執行者の署名捺印を欠いた場合、権限ある行政庁の行為であることが明らかであっても、無効であるとした。

4　最高裁判所の判例では、村長解職賛否投票の無効が宣言された場合には、当該賛否投票の有効なことを前提として、それまでの間になされた後任村長の行政処分は、無効であるとした。

5　最高裁判所の判例では、青色申告承認取消処分に対してなされた審査請求が棄却された際の審査決定の理由が、理由として不備であることが明白な場合には、この審査決定は違法であるとした。

Key Point

瑕疵ある行政行為は、その瑕疵の様態などにより、取り扱いが異なる。理論だけでなく、行政行為の具体例と併せて整理することが大切である。

解説 行政行為が法の定める要件を欠き、違法である場合、または公益に反する不当な行為である場合には、その行為は行政行為として完全な効力を生じ得ない。瑕疵ある行政行為は、瑕疵の様態と程度により、無効の行政行為と取り消し得べき行政行為とに区分される。

ただし、瑕疵ある行政行為でも、法律関係の安定そのほか公益的見地から有効な行政行為として取り扱われる場合がある。具体的には、**瑕疵の治癒、無効行為の転換**、行政事件訴訟法第31条１項の**事情判決**などがこれにあたる。

1　**誤り**。無効（違法）な行政行為の転換に関する記述である。

2　**誤り**。先行処分と後行処分が目的と効果を異にする場合に違法性は承継されないと解されている。

3　**誤り**。最判昭25.12.28によると、権限ある者により適法に発せられた退去強制令書が権限ある者によって執行された以上、その執行は有効であって、執行者の署名捺印がなくても退去強制令書の要件は違法とはならない。

4　**誤り**。最大判昭35.12.7によると、たとえ賛否投票の無効が宣言されても、賛否投票が有効であることを前提としてそれまでの間になされた後任村長の行政処分が無効となるものではない。

5　**正しい**。最判昭37.12.26によると、不備な理由を附記するにとどまる決定は、審査決定手続に違法がある場合と同様、判決による取消を免れない。

正答　5

瑕疵の治癒と違法行為の転換

NO.47　行政行為の瑕疵の治癒又は違法行為の転換に関するA～Dの記述のうち、判例、通説に照らして、妥当なものを選んだ組合せはどれか。　**(特別区管理職試験出題)**

A　行政行為の瑕疵の治癒とは、行政行為に違法なところがあるが、その後の事情の変化によって、欠けていた適法要件が実質的に充足され、処分をあえて取り消すには及ばないと考えられるに至った場合に、瑕疵はもはや治癒されたとしてその行政行為を適法なものとして扱うことである。

B　違法行為の転換とは、先行行為と後続行為が同一の目的をめざす同一の手続を構成しており、先行行為がなければ後続行為がありえないような場合、先行行為の違法が後続行為にも受け継がれ、その違法を理由に後続行為の取消しが認められることである。

C　最高裁判所の判例では、法人税青色申告に係る更正処分の通知書について、各加算項目の記載から更正理由を理解することが到底不可能である場合、更正の付記理由には不備の違法があるが、その瑕疵は後日これに対する審査裁決において処分の具体的根拠が明らかにされれば、それにより治癒されるとした。

D　最高裁判所の判例では、小作人の請求がないのにかかわらずその請求があったものとして旧自作農創設特別措置法施行令等の規定により村農地委員会が定めた農地買収計画を、県農地委員会が、当該計画に関する訴願裁決において、同令の別の規定により買収を相当とし維持することは違法ではないとした。

1　A　B　　2　A　C　　3　A　D
4　B　C　　5　B　D

Key Point

瑕疵の治癒→「違法が軽微で、取消すに値しない
「事情の変化により適法要件が実質的に充足」
違法行為の転換→「別個の行政行為と見た場合、瑕疵なく、適法要件を満たしている」

解説　瑕疵ある行政行為は無効を確認され、または取り消されるのが原則であるが、一定の場合には、法的安定性の見地から、この行為を適法なものとして扱うことがある。

「**瑕疵の治癒**」とは、違法な行政行為がその後の事情により適法要件が実質的に充足されたり、瑕疵が軽微で処分を取り消すに値しない場合に、法的安定その他の公益的見地から瑕疵はもはや治癒されたとして、その行為を有効な行為として取り扱おうとする考え方である。例えば、瑕疵ある召集手続によって会議を開いたが、たまたま委員全員が出席して異議なく議事に参加し、議決がなされた場合などがある。

「**違法行為の転換**」とは、行政行為に瑕疵があって本来は違法・無効であるが、別個の行政行為として見たときには瑕疵がなく、かつ適法要件も満たしていると認められる場合に、法的安定等の見地からこれを別個の行為とみたて有効に取り扱うという考え方である。例えば、死者を名あて人としてなされた農地買収処分令書をその相続人が受け取った場合には、その相続人を名あて人とした処分であるとみたて効力を維持する。

これらは、行政の無駄な手続の繰り返しを避けるために、もっぱら行政経済の見地から承認された扱いである。

A　**正しい**。

B　**誤り**。これは違法性の承継の説明である。

C　**誤り**。判例によれば、「更正における附記理由不備の瑕疵は、後日これに対する審査採決において処分の具体的根拠が明らかにされたとしても、それにより治癒されるものではない」（最判昭47.12.5）。

D　**正しい**。判例によれば、「自作農創設特別措置法施行令43条による場合と同令45条による場合とによって、市町村農地委員会が買収計画を相当と認める理由を異にするものとは認められないから、村農地委員会が同令第43条によって定めた農地買収計画を、訴願裁決（審査請求）で同令第45条により買収を相当とした県農地委員会の裁決は違法ではない」（最判昭36.7.14）。

正答　3

違法性の承継

NO.48 行政行為である先行処分と後行処分との間の違法性の承継に関する記述として、判例、通説に照らして妥当なのはどれか。 **（特別区管理職試験出題）**

1　農地の買収処分と売渡処分は、先行処分と後行処分とが連続した一連の手続を構成し、一定の法律効果の発生を目指しているので、先行処分である買収処分の違法性は、後行処分である売渡処分に承継される。

2　予算の議決と市町村税の賦課は、先行処分と後行処分とが連続した一連の手続を構成し、一定の法律効果の発生を目指しているので、先行処分である予算の議決の違法性は、後行処分である市町村税の賦課に承継される。

3　事業認定と収用裁決は、先行処分と後行処分とがそれぞれ別個の目的を指向し、相互間に手段目的の関係がないので、先行処分である事業認定の違法性は、後行処分である収用裁決に承継されない。

4　税の差押と公売処分は、先行処分と後行処分とがそれぞれ別個の目的を指向し、相互間に手段目的の関係がないので、先行処分である差押の違法性は、後行処分である公売処分に承継されない。

5　租税の賦課と滞納処分は、先行処分と後行処分とがそれぞれ別個の目的を指向し、相互間に手段目的の関係がないので、先行処分である賦課の違法性は、後行処分である滞納処分に承継されない。

Key Point

先行処分と後行処分が連続した一連の手続を構成し、一定の法律効果の発生を目指している場合、「違法性の承継」が認められる。先行処分と後行処分が関連していても、それぞれが別個の目的を指向し、相互に手段目的の関係がない場合は、「違法性の承継」がない。

行政行為の効力は、早期に確定させて法律関係の安定を図るのが望ましいとされるので、行政行為の瑕疵はそれぞれ独立して判断される。つまり**先行行為が違法であっても、そのことは後行行為の適法・違法の判断に際して影響を与えない**とされるのが、行政行為の基本的な考え方である。

この原則の例外として、**先行処分と後行処分が連続した一連の手続を構成し、一定の法律効果の発生を目指しているような場合**、言い換えれば、先行処分が後行処分の準備にすぎない場合には、違法性の承継が認められ、先行処分が違法ならば後行処分も違法となると解釈されている。これが、いわゆる「**違法性の承継**」である。

例えば、農地買収計画（＝先行処分）の違法を理由として農地買収処分（＝後行処分）の取消しを求めたり、土地収用裁決（＝後行処分）の取消訴訟において事業認定（＝先行処分）の違法を主張することができるとされている。

これに対し、**先行処分と後行処分が相互に関連するとはいえ、それぞれが別個の目的を指向し、相互の間に手段目的の関係がないときには、先行処分の違法は後行処分に承継されない**。租税の賦課とその滞納処分、予算の議決と市町村税の賦課などが、その例である。なお、先行行為が単なる違法にとどまらず、無効であると解される場合には、後行行為は、特段の事情がない限り、違法となる。

1　**誤り**。農地の買収計画と買収処分には、違法性の承継が認められているが、買収処分と売渡処分には、違法性の承継は認められないとされている。

2　**誤り**。予算の議決と市町村税の賦課は、それぞれが別個の目的を指向し、相互の間に手段目的の関係がないので、違法性は承継されない。

3　**誤り**。事業認定と収用裁決には、違法性の承継が認められる。

4　**誤り**。税の差押と公売処分には、違法性の承継が認められる。

5　**正しい**。

正答　5

違法性の転換

NO.49 行政法学上の行政行為の違法性の転換に関する記述として、妥当なのはどれか。　**（特別区管理職試験出題）**

1　行政行為の違法性の転換とは、無資格者が外観上公務員の行為として行政行為を行った場合、その行政行為は理論上無効であるが、行政法秩序の安定のために、その行政行為を有効なものとして取り扱うことである。

2　行政行為の違法性の転換とは、ある行政行為に瑕疵があるにもかかわらず、法律で定める一定期間が経過した後にはその瑕疵を理由として効力を争うことができず、その行政行為を有効なものとして取り扱うことである。

3　行政行為の違法性の転換とは、違法性が軽微な行政行為がその後の事情の変化によって欠けていた適法要件が実質的に充足された場合に、その行政行為を適法なものとして取り扱うことである。

4　行政行為の違法性の転換とは、二つ以上の行政行為が連続して行われる場合、後行の行政行為自体は適法であっても、これに先行する行政行為の違法を理由として、後行の行政行為をも違法とすることである。

5　行政行為の違法性の転換とは、ある行政行為に瑕疵があるにもかかわらず、その行政行為を別個の行政行為としてみると瑕疵がなく、かつ、適法要件を充足している場合に、別個の行政行為としてその効力を維持することである。

Key Point

行政行為の瑕疵の例外

①「違法性の転換（無効行為の転換）」→ある行政行為に瑕疵があって本来は違法ないし無効であるが、別個の行政行為と見た場合、瑕疵なく、適法要件を満たしている場合

②そのほか「事実上の公務員の理論」「瑕疵の治癒」「違法性の承継」などがある。

解説　行政行為の瑕疵は、通常の場合は取消原因である。しかしながら、下記のような例外がある。

「事実上の公務員の理論」……無資格者が外観上公務員の行為として行政行為を行った場合、その行政行為は理論上無効であるが、行政法秩序の安定を守るために、行政法理論ではこれを有効と扱っている。これを「事実上の公務員の理論」という。

「瑕疵の治癒」……違法な行政行為がその後の事情により適法要件が実質的に充足されたり、瑕疵が軽微で処分を取り消すに値しない場合に、法的安定その他の公益的見地から、瑕疵はもはや治癒されたとして、その行為を有効な行為として取り扱おうとする考え方を「瑕疵の治癒」という。

「無効行為の転換(違法性の転換)」……行政行為に瑕疵があって本来は違法・無効であるが、別個の行政行為として見たときには、瑕疵がなく、かつ適法要件も満たしていると認められる場合に、法的安定等の見地からこれを別個の行為とみたて有効に取り扱うという考え方を「無効行為の転換(違法性の転換)」という。

「違法性の承継」……先行処分と後行処分が連続した一連の手続を構成し、一定の法律効果の発生を目指しているような場合、言い換えれば、先行処分が後行処分の準備にすぎない場合には、先行処分が違法ならば後行処分も違法となると解釈されている。これを「違法性の承継」という。

1　**誤り**。これは「事実上の公務員の理論」の説明である。

2　**誤り**。これは行政行為の効力の一つである「不可争力」の説明である。

3　**誤り**。これは「瑕疵の治癒」の説明である。

4　**誤り**。これは「違法性の承継」の説明である。

5　**正しい**。

正答　5

行政行為の取消し（取消権の制限）

NO.50 行政法学上の行政行為の取消しに関する記述として、判例、通説に照らして妥当なのはどれか。**（特別区管理職試験出題）**

1　争訟の手続を経て行われた行政行為である裁決又は決定は、特別の規定がない限り、当該行政行為が違法である場合であっても、審査庁又は処分庁は、当該行政行為を取り消すことができない。

2　行政庁は、行政行為が成立当初から違法である場合には、当該行政行為を取り消すことができるが、行政行為が成立当初から不当である場合には、当該行政行為を取り消すことができない。

3　行政行為の取消しとは、行政庁が、瑕疵なく成立した行政行為について、公益上その効力を存続させることができない新たな事由が発生したため、その効力を失わせることである。

4　行政庁が成立当初から違法である行政行為を取り消す場合には、法律の特別の根拠が必要であるとともに、当該行政庁は、当該行政行為の効力が成立当初から生じなかったものとする旨の意思表示をしなければならない。

5　国民に権利利益を与え又は義務を免除する授益的行政行為については、国民の虚偽の申請に起因して当該行政行為に瑕疵が生じた場合であっても、行政庁は当該行政行為を取り消すことができない。

Key Point

取消権の行使には制限がある。

①取消しを必要とする公益上の理由が必要、②国民の権利・利益を侵害することになる場合は自由にできない、③公共の福祉が害されることになる場合は自由にできない、④不可変更力が生ずる行為は、原則、行政庁が取消しできない。

解説 行政行為が成立当初から法律の定めに反し違法であったり、裁量権の行使を誤って不当であったりする場合には、その行政行為の初めに遡って、法律上の効力を消滅させることを「行政行為の取消し」という。**取消しを行うことができる者は、正当な権限ある行政庁及び裁判所**である。

行政行為の取消しは、法律秩序の維持・安定の観点から、条理上、**取消権の行使について一定の制限**がある。

行政行為に取消原因たる瑕疵があるだけでなく、**取消しを必要とする公益上の理由が必要**であるとされている。判例も、農地買収処分の取消しに関連して、「……買収目的地の10分の１に満たない部分が宅地であったという理由で買収令書の全部を取り消すことは、買収農地の売渡を受くべき者の利益を犠牲に供してもなお買収令書の全部を取り消さねばならない特段の公益上の必要がある場合でないかぎり、違法と解すべきである」（最判昭33．9.9）としている。

そのほか、**国民の権利・利益を侵害することになる場合は自由にできない**。また、違法であっても、これを取り消すと**公共の利益に重大な支障を生ずる特別の事情のある場合には、事情判決又は事情裁決**（行政事件訴訟法第31条、行政不服審査法第40条６項）**が認められ、みだりに取り消すことが許されない**とされている。

さらに、行政行為に瑕疵があっても、当該行政行為が不服申立てその他の行政審判手続などの争訟裁断手続を経て発せられたものである場合には、その行為には**不可変更力が認められ、処分庁自体がこれを取り消すことはできない**。

1　**正しい**。

2　**誤り**。不当である場合も、取り消すことができる。

3　**誤り**。これは行政行為の撤回の説明である。

4　**誤り**。違法である行政行為を取り消す場合には、法律の特別の根拠は必要ない。

5　**誤り**。国民に責めがある場合は、取り消すことができる。

正答　1

職権による取消し

NO.51 行政行為の取消しに関する記述として、妥当なのは次のどれか。　**（東京都管理職試験出題）**

1　処分行政庁は、相手方及び関係者の利益を害する瑕疵ある行政行為について、取消しに関して法律上に明文の規定がなくても、その適法性又は合目的性の回復を図るため、職権で当該行政行為を取り消すことができる。

2　処分行政庁は、行政行為の瑕疵が治癒されたとき及び手続や形式の瑕疵が軽微で相手方への影響がない場合には、これを確認するため、職権で当該行政行為を取り消さなければならない。

3　裁判所は、瑕疵の存在が外観上明白で重要な法規違反のある行政行為について、審査請求に基づく裁決を経て取消訴訟が提起された場合、出訴期間の制限にかかわらず当該行政行為を取り消すことができる。

4　行政行為の取消しは、瑕疵なく成立した行政行為について、新たな事情の変化によりその効力を持続させることが妥当でなくなった場合、処分行政庁が職権で当該行政行為を除去することをいう。

5　行政行為の取消しは、行政行為に当初から瑕疵があったことを前提としているが、取消しによる法律関係の変動に伴う関係者の利益を保護するため、その効果は処分時に遡ることはない。

Key Point

①無効の行政行為の判定基準　→　重大明白な瑕疵。

②行政行為の「取消し」と「撤回」の違い

「取消し」　→　成立に取消原因たる瑕疵があり、成立に遡って効力を消滅させる。

「撤回」　→　瑕疵なく成立したが、公益上の新たな事情の変化があり、将来に向かって効力を失わせる。

解説　当該行政行為が国民にとって自由の制約その他不利益となる侵害的行政行為の場合には、国民はできるだけ早くその拘束を免れたいと望んでいるから、行政庁が随時、取消しないし撤回を行っても問題はない。このように処分庁がその職権に基づいて任意に行政行為を取消しないし撤回できるとする原則を「**取消し・撤回自由の原則**」という。

しかし、基本的人権尊重の理念に立つ現行憲法のもとでは、取消し・撤回の自由の原則を無条件に認めることは問題があり、一定の制限がある。**国民に権利利益を付与するいわゆる授益的行政処分**とか、**第三者に法的利益を与える複効的処分**の場合には、行政庁が自ら誤って不当ないし違法な判断をしたからといって勝手にこれを取り消したり、公益上面白くないといって随時に撤回したりすると、相手方その他関係者の法的地位を著しく不安定にし、行政上の法律関係における国民の信頼を裏切る結果となる。

そこで、特定人に権利利益を付与する授益的行政行為や、第三者の法的地位に重要な影響を及ぼす行政行為については、取消しないし撤回の必要があっても、その必要性が国民の既得権益の保護を越えるだけの緊要性を持つ場合でなければ、みだりに取消しないし撤回をすることはできないとされている。

行政行為

1　**正しい**。
2　**誤り**。行政行為に取消し原因たる瑕疵があるだけでなく、取消しを必要とする公益上の理由がなければならない。
3　**誤り**。「瑕疵の存在が外観上明白で重要な法規違反のある行政行為」は、無効な行政行為である。
4　**誤り**。これは行政行為の取消しではなく、撤回の説明である。
5　**誤り**。行政行為の取消しは、成立に瑕疵があることを理由に、「その行為の初めに遡って、法律上の効果を消滅させる」行為である。

正答　1

行政行為の撤回の効果

NO.52 行政行為の撤回に関する記述として、妥当なのは次のどれか。 **(東京都管理職試験出題)**

1　行政行為の撤回は、瑕疵なく成立した行政行為について、監督行政庁が公益上その効力を存続し得ない新たな事由の発生を理由に、その行為の効力を既往に遡って失わせる行政行為である。

2　行政行為の撤回は、その成立に瑕疵のある行政行為について、行為行政庁又は監督行政庁がその成立の瑕疵を理由に、その行為の効力を将来にわたって失わせる行政行為である。

3　行政行為の撤回は、瑕疵なく成立した行政行為について、行為行政庁がその後における一定の事実の発生又は消滅などを理由に、その行為の効力を既往に遡って失わせる行政行為である。

4　行政行為の撤回は、その成立に瑕疵ある行政行為について、行為行政庁又は監督行政庁がその成立の瑕疵を理由に、その行為の効力を既往に遡って失わせる行政行為である。

5　行政行為の撤回は、瑕疵なく成立した行政行為について、行為行政庁が公益上その効力を存続し得ない新たな事由の発生を理由に、その行為の効力を将来にわたって失わせる行政行為である。

Key Point

行政庁は、行政行為の効力を維持することがもはや公益上適当でないと判断されるに至った場合は、職権で効力を消滅させることができる。この場合、遡及効をもつ「取消し」と将来に向かって効力を失わせる「撤回」がある。

解説 当初、瑕疵なく成立していた行政行為の効力を、その後の公益上の新たな事情の変化を理由として、将来に向かって消滅させる行為を「**行政行為の撤回**」という。

撤回を行うことができる者は、原則として行為処分庁に限られる。裁判所には撤回権はなく、監督行政庁は、法律に特段の定めがない限り、撤回権を有しない。

「行政行為の取消し」と同様、撤回についても一定の制限がある。特定人に権利利益を付与する授益的行政行為や、第三者の法的地位に重要な影響を及ぼす行政行為については、取消しないし撤回の必要があっても、その必要性が国民の既得権益の保護を越えるだけの緊要性を持つ場合でなければ、みだりに取消しないし撤回をすることはできないとされている。

1　**誤り**。撤回の効果は、将来に向かってのみ発生する。

2　**誤り**。「その成立に瑕疵ある行政行為」は、取消しの対象である。また、監督行政庁は、法律に特段の定めがない限り、処分庁が行った行政行為を撤回することはできない。

3　**誤り**。撤回は、「その後における一定の事実の発生又は消滅」のみでなく、公益上の理由も必要である。

4　**誤り**。「その成立に瑕疵ある行政行為」は、取消しの対象である。また、監督行政庁は、法律に特段の定めがない限り、処分庁が行った行政行為を撤回することはできず、撤回の効果は、将来に向かってのみ発生する。

5　**正しい**。

正答　5

行政行為の取消しと撤回

NO.53　行政行為の撤回に関する記述として、妥当なのはどれか。

1　行政行為の撤回とは、瑕疵なく成立した行政行為について、その後の事情の変化により、その効力を維持することが妥当でなくなった場合に、成立当初に遡ってその効力を失わせる行為をいう。

2　行政行為を撤回するに当たっては、原則として、法律の根拠は不要であるが、授益的行政行為を撤回する場合には、法律の根拠は常に必要であるとするのが判例である。

3　行政行為の撤回について、法律に別段の定めのない限り、監督庁は撤回権を有さず、当該行政行為を行った処分庁のみに撤回権が認められる。

4　授益的行政行為を撤回する場合、行政手続法によれば、原則として、不利益を被る国民の同意を要するとされている。

5　行政行為にあらかじめ撤回権の留保の附款が付されている場合には、撤回権者は、当該行政行為の撤回に関して何ら制限を受けないとされている。

Key Point

行政行為の「取消し」と「撤回」の違い

「取消し」　→　成立に遡って効力を消滅させる。

「撤回」　　→　将来に向かって効力を失わせる。

監督行政庁による撤回・取消しについて留意する。

「瑕疵なく成立した行政行為の効力を、その後の公益上の新たな事情の変化を理由として、将来に向かって消滅させる」という撤回の意義を押さえておく必要がある。行政行為の取消しと撤回には、以下のような差異がある。

	原　因	効　果	実施者
取消し	成立に瑕疵	過去に遡及する	処分庁・監督行政庁
撤　回	成立に瑕疵なし	将来にのみ向かう	処分庁のみ

行政行為の取消しは、正当な権限を有する行政庁と裁判所が行うことができる。「正当な権限を有する行政庁」とは、処分庁及び監督行政庁である。

行政行為の撤回は、処分庁のみが行うことができる。法律に特段の定めがない限り、監督行政庁は行うことができない。

行政行為

1　**誤り**。撤回は遡及効果をもたず、その効果は将来に向かってのみ発生する。

2　**誤り**。法律に撤回の定めがなくても、許認可を維持すべきでない新たな事情が生じた場合には撤回できるとされている。

3　**正しい**。

4　**誤り**。正式の聴聞手続を経なければならないとされている。

5　**誤り**。附款が付されている場合でも、撤回には実質的な事由が必要とされる。

正答　3

行政行為の撤回（撤回権の制限）

NO.54 行政法学上の行政行為の撤回に関する記述として、妥当なのはどれか。 **（特別区管理職試験出題）**

1　行政行為の附款として、例文的規定の意味で撤回権の留保がされている場合であっても、それを根拠として、無条件に行政行為を撤回することができない。

2　授益的行政行為の撤回は、相手方に多大な損失を与えることとなるので、相手方の同意がある場合であっても、その行政行為を撤回することができない。

3　監督行政庁は、処分庁の上級行政庁として処分庁を指揮監督する権限を有するので、法律に別段の定めがない場合でも、その権限に基づき、処分庁が行った行政行為を撤回することができる。

4　相手方に不利益を課する行政行為の撤回は、その撤回の原因が行政庁の責に帰すべき事由によって生じた場合には、その行政行為の成立時から効果を生じる。

5　行政行為を存続させることが公益に適合しなくなった場合、その行政行為が授益的行政行為であっても、撤回できる旨の規定がなければ、その行政行為を撤回することができない。

Key Point

撤回権の制限

・授益的行政行為や第三者の法的地位に重要な影響を及ぼす行政行為

→　公益上の要請が国民の既得権益の保護の要請を上回ることが必要。

行政行為に負担が付加され、相手方が一定期間内にそれを履行しないときは、撤回の必要が相手方の責に帰すべき事由によると認められる場合であり、また、行政行為に撤回権が留保されているときは、相手方の同意がある場合である。これらの場合は、いずれも、**公益上必要な限度において撤回することが可能**であるとされている。

授益的行政行為の撤回については、相手方はそれによって多大な損失をこうむることになるため、私人の受ける損失を公共の負担で補てんするために、公用収用の場合に準じて相当の補償を与えるのが、憲法第29条３項の精神より、妥当なものであるとされている。

行政行為

1　**正しい**。

2　**誤り**。授益的行政行為の撤回は、撤回を必要とする公益上の要請が既得権益の保護の要請を上回るときでなければできない。

3　**誤り**。処分庁の上級行政庁は、法律に特段の定めがない限り、処分庁が行った行政行為を撤回することはできない。

4　**誤り**。撤回の効果は、将来に向かってのみ発生する。

5　**誤り**。撤回できる旨の規定がなくても、撤回できる場合もある。

正答　1

行政行為の撤回の可否

NO.55　行政法学上の行政行為の撤回に関する記述として、通説に照らして、妥当なのはどれか。　**（特別区管理職試験出題）**

1　行政行為の撤回は、行政行為が成立したときから瑕疵があった行政行為について、その効力を成立の時に遡って失わせて、正しい法的状態を回復させることである。

2　行政行為の撤回は、処分をする権限のなかに撤回権が当然に内包されているわけではないため、必ず個別の法的根拠を必要とし、法律の根拠がなければ、公益上の必要があっても撤回することは許されない。

3　行政行為の撤回は、処分庁のみが行使できる権限であり、法律に特段の定めがない限り指揮監督をする上級行政庁であっても撤回権を有しないが、処分庁に撤回の命令を出すことはできる。

4　行政行為の撤回は、処分庁が公益の管理者として自由にすることができ、撤回が私人にとって許認可等を取り消す不利益な効果を与える場合においても、行政手続法の不利益処分に該当せず、聴聞手続は必要ない。

5　行政行為の撤回は、既存の法律関係の消滅が前提なのではなく、公務員の免職処分のように既に勤務関係が消滅している場合に、これを再びもとに戻すことは、行政行為の撤回に該当する。

Key Point

行政行為の撤回と取消しについては、成立時の瑕疵の有無、遡及の有無、権利を有する機関等の相違点に注意すること。また、撤回権の限界や損失補償請求の可否を確認すること。

解説 行政行為の撤回とは、有効に成立した行政行為の効力を、その後に生じた事情(後発的事情)を理由として、行政庁が失わせることをいう。処分行政庁が撤回する場合は、特に法的根拠を必要としない。監督行政庁は、法令に特別の定めがない限り撤回権を持たない。対象となるのは、成立時に瑕疵なく有効に成立した行政行為であり、撤回の効果は既往に遡及せず、撤回の時から将来に向かってのみ、その効果を生ずる。

なお、**不可変更力を生ずる処分については撤回できず**、また、撤回に際しては損失補償を要する場合がある。

1 **誤り**。行政行為の撤回は、瑕疵なく成立した行政行為について、将来に向かってのみ、その効果を生ずる。撤回に遡及効はない。

2 **誤り**。処分庁が撤回する場合には、特に法的根拠を必要としない。

3 **正しい**。上級行政庁は、処分庁に撤回を命じることは可能であるが、その場合も実際に撤回するのは処分庁である。

4 **誤り**。行政行為の撤回も、権利を制限するものとして不利益処分にあたる。

5 **誤り**。行政行為の撤回は、既存の法律関係の消滅が前提である。そのため、公務員の免職処分のように、既に勤務関係が消滅している場合に、これを再びもとに戻すことは、行政行為の取消しに該当する。

正答 3

行政行為の附款

NO.56　行政行為の附款に関する記述として、妥当なのはどれか。 **（東京都主任試験出題）**

1　条件とは、行政行為の効果を発生不確実な将来の事実にかからせる意思表示であり、条件には停止条件と解除条件とがある。

2　期限とは、行政行為の効果を発生確実な将来の事実にかからせる意思表示であり、行政行為には到来が確実である始期以外は期限を付加できない。

3　負担とは、行政行為に付随して相手に対して特別の義務を負わせる意思表示であり、負担が履行されない限り、当該行政行為の効力は生じない。

4　撤回権の留保とは、将来撤回できることをあらかじめ確認する意思表示であり、撤回件が留保されていれば、行政庁は自由に行政行為を撤回できる。

5　附款は、付すことができる旨が法律に明記されている場合に限り、行政庁が主たる意思表示に付すことができる。

Key Point

附款の種類とその内容、瑕疵ある附款とその本体の行政行為との関係について整理すること。

行政行為の附款は、行政行為に付加されてその効力を修正するという効力を果たすもので、**法律行為的行政行為（下命、禁止、許可、免除、特許、認可、代理）にのみ付すことができる。**

また、附款とは、従たる意思表示を表すもので、条件、期限、負担、撤回権の留保、法律効果の一部除外がある。

ちなみに**準法律行為的行政行為（確認、公証、通知、受理）は、行政行為としての意思表示がないため、附款を付すことはできない。**

附款は相手方に不利益を与えるものなので、無制限に許されるものではない。法律が附款の内容を定めている場合は、これに違反することができないのは当然である。また、裁量権が認められている場合でも裁量の範囲内で目的達成のために必要最小限度にとどまらなければならない。

1 **正しい**。条件には、停止条件と解除条件がある。前者の例として、「大雨が降ったら、道路を通行止めにする」、後者の例として、「大雨がやむまで道路を通行止めにする」といったものが挙げられる。
2 **誤り**。不確定な期限を付すこともできる。
3 **誤り**。負担が履行されなくても、行政処分の効力は当然には失われない。行政処分の効力が失われるためには、別途、行政処分の撤回といった措置が必要になる。
4 **誤り**。撤回するには実質的な事由が必要である。
5 **誤り**。法律に明記されていなくても附款を付すことができる場合がある。

正答　1

主たる行政行為と附款

NO.57 行政行為の附款に関する記述として、妥当なのは次のどれか。 **（東京都管理職試験出題）**

1　附款とは、行政行為の効果を制限するために意思表示の主たる内容に付加される従たる意思表示をいい、附款に違反したことにより刑罰を科されることはない。

2　行政庁は、附款を付すことができることについて法令に明文の規定がない場合でも、行政行為の内容の決定について裁量権が認められている場合には、その範囲において行政行為に附款を付すことができる。

3　負担は、行政行為の相手方に特別の義務を命ずる附款であり、負担が付加されると行政行為の効果は不確定の状態に置かれ、相手方に負担の不履行があった場合、行政行為の効力は当然に消滅する。

4　行政行為について、取消しの要件が具体的に明示されず、公益上必要があると認めるときはいつでも取り消すことができると取消権が留保されている場合、行政庁は何らの制限なくその行政行為を取り消すことができる。

5　附款は、それ自体公定力を有し、違法であっても一応有効なものと扱われ、附款が行政行為と不可分一体の関係にある場合であっても、附款のみの取消訴訟を提起することができる。

Key Point

行政行為の主たる内容に付随して、相手方に何らかの義務を課する附款を負担という。負担を遵守しないと、行政庁によって履行を強制されたり、本体の行政行為を撤回されたり、罰則を科されたりすることはあるが、本体の行政行為が自動的に失効することはない。

行政行為の附款に瑕疵があり、無効となった場合や取り消された場合、その附款がさほど重要な要素でない場合には、附款が効力を失っても本体の行政行為は有効に存続する。附款だけの取消しを求める訴えや無効確認を求める訴えも可能。

しかし、附款が行政行為と不可分一体の関係にある場合には、附款が効力を失えば本体の行政行為も失効する。この場合は、附款だけの取消しを求めることはできない。

1　**誤り**。火薬類製造許可条件、集団行進の許可条件など、附款に違反した場合に刑罰を科する旨を定めているものがある。

2　**正しい**。

3　**誤り**。相手側が負担を履行しなかった場合、一定の制限の下に行政行為を撤回することができるが、行政行為の効力が当然に消滅するわけではない。「条件」と異なることに注意。

4　**誤り**。取消権の留保のためには、取消しの要件を具体的に明示しておくのが適当とされている。いつでも取消しができるという留保であっても、一般の取消・撤回の場合と同様、条理上、一定の制限があるものと解されている。

5　**誤り**。附款が行政行為と不可分一体の関係にある場合、附款の取消しは行政行為全体の取消しを意味することになるから、附款のみの取消訴訟を提起することはできない。

正答　2

行政行為の附款の種類

NO.58 次のＡ～Ｄのうち、行政行為の附款に関する記述として、妥当なものの組合せはどれか。 **（東京都主任試験出題）**

Ａ　附款は、行政庁の主たる意思表示に付加される従たる意思表示をいい、法律行為的行政行為に附款を付することはできるが、準法律行為的行政行為に附款を付すことはできない。

Ｂ　行政行為の内容について行政庁に裁量が認められている場合には、当該行政行為の目的を達成するために必要であれば、何らの制限を受けることなく附款を付すことができる。

Ｃ　条件とは、行政行為の効果を発生不確実な将来の事実にかからせる意思表示をいい、その事実の発生によって行政行為の効果が生じるものを停止条件という。

Ｄ　附款が無効である場合には、いかなる場合においても、当該行政行為全体が無効になる。

1　Ａ　Ｂ
2　Ａ　Ｃ
3　Ｂ　Ｃ
4　Ｂ　Ｄ
5　Ｃ　Ｄ

Key Point

条件と期限の違いは、行政行為の効果の発生又は消滅が、将来に発生確実な事実にかかるか、不確実な事実にかかるかによる。附款を付すことができる場合や附款が無効である場合についても正確に押さえること。

「条件」とは、行政行為の効果を発生不確実な将来の事実にかからせる意思表示をいう。事実の発生により、行政行為の効力が発生する停止条件と、事実の発生により行政行為の効力が失われる解除条件とがある。

「期限」とは、行政行為の効果を発生確実な将来の事実にかからせる意思表示をいう。期限の到来によって行政行為の効力が発生するものを始期、期限の到来によって効力が消滅するものを終期という。

A　**正しい**。行政行為の附款は、行政行為の効果を何らかの形で制限するために、主たる意思表示に附加される従たる意思表示であり、附款を付し得るのは法律行為的行政行為(命令的行為･形成的行為)に限られる。

B　**誤り**。行政庁に裁量権が認められている場合でも、附款は具体的な行政行為の目的に照らして必要な限度にとどまらなければならない。

C　**正しい**。「条件」には、条件成就により効力を生ずる「停止条件」と、条件成就により効力を失う「解除条件」がある。

D　**誤り**。附款が無効な場合において、附款が行政行為の重要な要素(不可分)であれば行政行為全体が無効になるが、附款が行政行為の重要な要素でなければ(可分であれば)附款のつかない行政行為として効力を生じる。

正答　2

行政裁量①

NO.59　行政裁量に関する次の空欄A～Dに入る語句の組合せとして、妥当なのはどれか。　**(東京都主任試験出題)**

行政行為のうち、法律の規定が明確であって法の機械的執行として行われる行政行為を［ A ］といい、法律の規定が不明瞭なため行政庁が独自の判断を加味して行う行政行為を裁量行為という。［ A ］については、司法審査に服するものとされる。また、裁量行為については、従来の学説は、司法審査になじむ［ B ］と、司法審査になじまない［ C ］とに二分してきた。しかし、行政庁の［ C ］に委ねられた事項であっても、行政行為が、法に基づき法目的の実現を目指す以上、行政庁の恣意的判断が許されるわけではない。外見上は、裁量権の範囲内と認められても、実際には、不当な動機ないし目的で裁量判断をしている場合には、裁量権の［ D ］となり違法とされる。

	A	B	C	D
1	羈束行為	便宜裁量	法規裁量	濫用
2	羈束行為	法規裁量	便宜裁量	濫用
3	羈束行為	法規裁量	便宜裁量	踰越
4	事実行為	便宜裁量	法規裁量	踰越
5	事実行為	法規裁量	便宜裁量	踰越

Key Point

便宜裁量であっても、裁量権の踰越・濫用があれば、裁判所の司法審査の対象となる。何が踰越・濫用にあたるかは、判例により確認しておくことが必要である。

行政行為のうち、法が内容と要件について完全に定めており、行政庁の判断の余地のないものを**羈束行為**という。一方、法が一定の限度で行政庁に自由な判断を認め、行政庁自らの裁量により行政行為を行う場合がある。このような行政行為を**裁量行為**という。

裁量行為はさらに、裁判所の司法審査の対象となる**法規裁量**と、司法審査の対象にはなじまず、当不当の問題が生じるにとどまる**便宜裁量**とに分けられる。

行政庁が法で認められた裁量行使の限界を超えた場合は裁量権の踰越となり、行政庁が裁量の行使にあたって条理上の制約を無視した場合は裁量権の濫用となって、いずれも違法となる。

よって、Aには「羈束行為」、Bには「法規裁量」、Cには「便宜裁量」、Dには「濫用」がそれぞれ入る。

正答　2

行政裁量②

NO.60 行政裁量に関する記述として、最高裁判所の判例に照らして、妥当なのはどれか。 **(特別区管理職試験出題)**

A　個室付浴場業の開業を阻止することを主たる目的としてされた知事による児童遊園設置許可処分は、たとえ当該児童遊園がその設置基準に適合しているものであるとしても、行政権の著しい濫用によるものとして、公権力の違法な行使にあたるとした。

B　道路法の規定に基づく車両制限令所定の道路管理者の認定は、基本的には裁量の余地のない確認的行為の性格を有するものであるので、具体的事案に応じ道路行政上比較衡量的判断を含む合理的な行政裁量を行使することが全く許容されないものと解するのは相当であるとした。

C　信仰上の理由により剣道実技の履修を拒否した学生について、正当な理由のない履修拒否と区別することなく、また、代替措置について何ら検討することもなく、原級留置処分及び退学処分とした市立高等専門学校の校長の措置は、社会観念上著しく妥当を欠き、裁量権の範囲を超える違法なものであるとした。

D　裁判所が懲戒権者の裁量権の行使としてされた公務員に対する懲戒処分の適否を審査するにあたっては、懲戒権者と同一の立場に立って、懲戒処分をすべきであったかどうか又はいかなる処分を選択すべきであったかについて判断し、その結果と当該処分とを比較してその軽重を論ずべきであるとした。

1　A　B　　2　A　C　　3　A　D
4　B　C　　5　B　D

Key Point

羈束裁量（法規裁量）と便宜裁量（自由裁量）は、その過誤が司法審査の対象となるか否かに違いがある。便宜裁量に過誤があっても不当であるに過ぎず、踰越・濫用がない限り、司法審査の対象となることはない。

解説 行政裁量には、**羈束裁量（法規裁量）**と**便宜裁量（自由裁量）**がある。

羈束裁量は、その行為に関して法的に客観的基準が存在し、その判断を誤れば違法な行為となる。法の文言上は不確定概念が用いられていても、客観的に正しい内容は1つしかなく、その点に関する行政機関の判断は、裁判所の司法審査の対象となる。

便宜裁量は、それに関する決定が行政の自由な判断に委ねられ、何が最も行政目的や公益に適するかの判断を行政が誤っても、当・不当の問題は生じるが、違法の問題は生じないと解される。それ故、司法審査には服さない。

ただし、行政事件訴訟法第30条は、「行政庁の裁量処分については、裁量権の範囲をこえ又はその濫用があった場合に限り、裁判所は、その処分を取り消すことができる」と定めており、裁量権の踰越や濫用があった場合には、便宜裁量であっても違法となり、裁判所の審査に服することを認めている。

行政行為

A **正しい**。余目町個室付浴場事件判決（最判昭53.5.26）。

B **誤り**。全く許容されないものと解するのは相当で「ない」とした。建設用特殊車両通行認定留保事件判決（最判昭57.4.23）。

C **正しい**。神戸高専事件判決（最判平8.3.8）。

D **誤り**。裁判所は懲戒権者と同一の立場に立って処分の適否を判断すべきでないとされた。判例では、「社会観念上著しく妥当を欠き裁量権を濫用したと認められる場合に限り違法であると判断すべき」であるとした。神戸税関事件判決（最判昭52.12.20）。

正答　2

行政計画①

NO.61　行政計画に関する記述として、妥当なのはどれか。

(東京都主任試験出題)

1　行政計画には、計画策定権者の広い政策的な裁量判断に基づいて作成されるという特徴がある。

2　行政計画のうち、国民に対する法的拘束力を有しない例として、都市計画における市街化区域と市街化調整区域との区分がある。

3　行政計画の策定については、計画内容の正当性を確保するため、行政手続法において、計画策定手続に関する一般的な規定が設けられている。

4　最高裁判所は、行政計画のうち、土地区画整理事業計画には処分性がないものとし、事業計画の決定段階での取消訴訟の提起は認められないと判示した。

5　最高裁判所は、行政計画の適法な変更により、事業者に損害が及んだ場合においても、当該損害に対する賠償請求は認められないと判示した。

Key Point

行政計画は、都市計画などの国民を直接拘束するものを除き、法律の根拠を必要としない。策定の手続については、個々に要請されるものはあるが、行政手続法の対象とはされておらず、一般的手続は未整備である。

解説　行政計画とは、行政機関が将来にわたり社会経済状況の動向や財政状況等を予測し、一定の行政目標を設定して、その実現のための手段・方策の総合的調整を図るものである。行政計画には、関係人の具体的権利義務に影響を与える拘束的計画と、単なる青写真的な抽象的将来構想にとどまる非拘束的計画とがある。都市計画などの拘束的計画の策定には、法律の根拠を必要とする。

行政計画の策定に当たっては、①審議会の調査審議、②地方議会の議決、③利害関係人の意見聴取、④計画の公表など、種々の手続が法律上要請される場合がある。

1　**正しい**。

2　**誤り**。都市計画における区域区分の決定は､法的拘束力を持つ。

3　**誤り**。行政計画策定手続を一般的に定める法律はない。

4　**誤り**。最高裁判所は、土地区画整理事業計画決定につき、その処分性を認めている（最判平20.9.10)。

5　**誤り**。最高裁判所は、行政計画の変更により事業者に損害が及んだ場合、自治体の損害賠償責任を認めている（最判昭56.1.27)。

正答　1

行政計画②

NO.62　行政法学上の行政計画に関する記述として、妥当なのはどれか。　**（特別区管理職試験出題）**

1　行政計画の種類を内容の具体性を基準にして分類すると、行政の目標を示す目標計画と、事業の具体的内容を示す実施計画に分けられるが、実施計画の例としては、マスター・プランがある。

2　行政計画の種類を法律上の拘束力の有無を基準にして分類すると、非拘束的計画と拘束的計画に分けられるが、拘束的計画の例としては、都市計画や土地区画整理事業の事業計画がある。

3　行政計画の種類を法律の根拠の有無を基準にして分類すると、法制上の計画と事実上の計画に分けられるが、事実上の計画の例としては、政府が定める環境基本計画がある。

4　行政計画の策定に関して行政手続法は、行政庁の恣意を防止し行政計画の正当性を確保するため、意見書の提出や公聴会の開催及び審議会への諮問といった一般的手続を定めている。

5　行政計画は、実質的に行政活動のみならず民間活動をも指導・誘導する作用を果たしているので、民意を反映させるためにも、必ず地方公共団体の議会の議決を経なければならない。

Key Point

行政計画は、具体的な都市計画などの国民の権利義務に直接に関連するものを除き行政内部の統制の性質を有している。従って、法律の根拠は必要としないが、行政庁の恣意を防止するために策定手続の民主化が求められる。

行政手続法には、計画策定手続に関する規定はないが、個別法では以下のような手続が定められている場合がある。

①公告・縦覧・意見書の提出

行政庁が定めた計画案を一定期間公告し、縦覧に供し、これに不服がある者に意見書の提出を認める制度。

②公聴会

行政庁が実施計画等を定める過程で、利害関係人等の意見を聴取するために開催する会議。

③審議会

行政庁による計画策定に先立ち、専門技術的事項などにつき諮問する検討組織。

1 **誤り**。マスター・プランは、事業実施の指針となる基本計画である。

2 **正しい**。

3 **誤り**。環境基本計画は、環境基本法を根拠規定とする計画である。

4 **誤り**。行政手続法には、計画策定手続きに関する規定はない。

5 **誤り**。必ず議会の議決を得なければならないわけではない。

正答 2

行政計画③

NO.63　行政計画に関する記述として、妥当なのはどれか。

(特別区管理職試験出題)

1　行政計画は、行政内部の指針にとどまらず、外部に対しても指針としての性格をもつため、行政計画を策定するためには、必ず法律の根拠を必要とする

2　行政計画の中には、国民に対して法的拘束力のある計画があり、その例として、土地区画整理事業計画がある。

3　行政計画は、行政目標を設定し当該目標を達成するための施策を示したもので、行政計画の策定に当たっては、策定権者の裁量が認められることはない。

4　行政計画の策定手続きにおいて、行政手続法は、計画案を公告し、縦覧に供した上で意見書提出の機会を与えなければならないと規定している。

5　行政計画の中止は、違法であり、住民に不測の損害を与えたときには、当該損害に対する代償的措置を必ず講じなければならない。

Key Point

どのような場合に行政計画の決定が処分として司法審査の対象となるかなどは、判例により確認しておくこと。

解説　行政計画と行政事件訴訟

①計画の大部分は、行政の実現すべき目標・指針に過ぎないので、**行政事件訴訟の対象にはならない**。(例……都市計画の用途地域の指定　最判昭57. 4. 22)

②計画が国民の権利・義務に直接影響を及ぼすものであれば、行政事件訴訟の対象になる。(例……土地区画整理事業計画　最判平20. 9. 10)

1　**誤り**。行政計画には、法律の根拠を有する法定計画と根拠を有しない事実上の計画とがある。

2　**正しい**。

3　**誤り**。一般に、行政計画については、計画裁量と呼ばれる広範な裁量が計画策定権者に与えられている。

4　**誤り**。行政手続法には、行政計画の策定に関する規定はない。

5　**誤り**。行政計画の中止により生じた損害に対する代償的措置について、すべての計画に義務を課す旨の法律はない。

正答　2

行政契約①

NO.64 行政庁が行政目的達成の手段として締結する契約を広く行政契約と解した場合における行政契約に関する記述として、妥当なのは次のどれか。 **（東京都管理職試験出題）**

1　行政契約は、当事者の対等性を前提としており、個別具体的事情に即して弾力的に行政目的を達成できる特徴があり、具体例としては、法的拘束力を有する公害防止協定や地方公共団体間の事務委託があげられる。

2　行政契約は、当事者の対等性を前提としているが、私法規定が全面的に適用排除される特徴があり、具体例としては、建築基準法上の建築協定や公営住宅の利用関係があげられる。

3　行政契約は、私法契約と異なり当事者の対等性を前提とせず、個別具体的事情に即して弾力的に行政目的を達成できる特徴があり、具体例としては、公営住宅の利用関係や河川占用権の譲渡の認可があげられる。

4　行政契約は、私法契約と異なり当事者の対等性を前提とせず、私法規定が全面的に適用排除される特徴があり、具体例としては、法的拘束力を有する公害防止協定や地方公共団体間の事務委託があげられる。

5　行政契約は、私法契約と異なり当事者の対等性を前提とせず、私法規定が全面的に適用排除される特徴があり、具体例としては、建築基準法上の建築協定や河川占用権の譲渡の認可があげられる。

Key Point

行政契約について、設問のようにその範囲を広く認める考え方に立つ場合、行政契約の当事者である行政庁と国民とが対等の立場で契約を締結することになり、また、私法規定の適用が原則として認められることになる。

行政庁が行政としての公共活動を行うに当たっては、行政行為として権力的に国民の権利・義務を設定するのが原則であるが、現実的には立法行為を待たずに新たな行政ニーズに対応することが必要となる場合や、公営鉄道での運送契約のようなサービス提供行政については、行政行為という権力的な方式をとらないことが適当な場合がある。このような非権力的な行政による行為の方式の代表的な例が**行政契約**と**行政指導**である。

行政契約においては、平等原則や信義誠実の原則などの方の一般原則を示すものや、民法の期間に関する規定など法の技術的約束を示す私法規定は、原則として行政契約に適用される。

しかし、公益と密接な関係を有するときは、私法がそのまま適用されず、公法が適用される。

1　**正しい**。設問の立場では、行政契約の当事者は対等の立場となる。また、行政行為と異なり、個別具体的な事情に即した対応が可能となる。具体例も適切である。

2　**誤り**。私法規定の適用は排除されない。なお、建築基準法上の建築協定は、私人間の協定を行政庁が認可するとともに、公法秩序にその内容を組み入れるものである。協定に関わらない第三者に対しても拘束する効力を持つ。公営住宅の利用関係は、利用関係の設定こそ行政行為であるが、その後の法律関係は基本的に私人間のものと異ならないとされている。

3　**誤り**。設問の考え方に立てば、当事者の対等性が前提となる。なお、河川占用権の譲渡の認可は、行政行為である。

4　**誤り**。設問の考え方に立てば、当事者の対等性が前提となる。なお、公害防止協定について、かつては規制行政に法律の根拠を求める観点から、法的拘束力を認めない考え方「紳士協定説」があったが、今日では相手方の自由意思に基づき、必要かつ合理的な範囲である限り、法的拘束力を認める見解「契約説」が有力である。判例も契約説に立っているものと考えられる（最判平 21. 7. 10）。

5　**誤り**。

正答　1

行政契約②

NO.65 行政契約に関する記述として、妥当なのはどれか。

(東京都管理職試験・特別区管理職試験出題)

1　行政契約には、法律による行政の原理が適用されず、行政主体は、事務の性質やその内容にかかわらず、法律の根拠なくして行政契約を締結することができる。

2　行政契約は、行政主体と私人間の契約であり、地方公共団体がその区域外に公の施設を設置する場合の関係地方公共団体間の協議は、行政主体間で締結されるものであるから行政契約には含まれない。

3　公務員の任用は行政契約であると一般に解されており、最高裁判所の判例も、職員の採用は内定通知により契約が成立し、知事は当該内定者を職員として採用すべき法律上の義務を負うとしている。

4　公害防止協定の法的性質を行政契約とする契約説では、協定当事者間に具体的な権利義務関係の成立を認め、事業者の協定上の義務違反に対しては、行政強制ではなく、裁判手続による強制が可能であるとする。

5　学校教育法による教育事務の委託は、地方公共団体の事務の共同処理のための制度として行政主体間で締結される行政契約であり、民法上の委託と同様に、受託者に権限が移らない。

Key Point

行政契約の特徴としては、①原則として法律の根拠が不要である、②行政主体相互間の行政契約も存在する、③公害防止協定については、法的拘束力を認める見解が有力になってきている、などが挙げられる。

解説　行政契約については、従来、公法的秩序との関連でその意義をとらえようとする考え方が主流だったが、近年では公法と私法との区分を相対的にとらえ、行政庁が行政目的実現の手段として締結する契約を行政契約とし(原田『行政法要論』)、その一般的な性質について考える立場が有力となってきている。本問は、行政契約の性質等に関し、学説の相違も含め、一般的な知識を問う内容である。

1　**誤り**。行政契約においては、原則として法律による行政の原理が適用されないが、行政主体相互間の事務の委託など、法律による権限配分の変動を意味する行政契約については、法律の根拠が必要となる(塩野『行政法Ⅰ』)。

2　**誤り**。1で述べた行政主体相互間の事務委託のように、行政主体間での契約という形式も存在する。

3　**誤り**。最判昭57.5.27によれば、「公務員の採用内定通知は、採用発令の準備手続にすぎず、公務員として勤務することが法律上約束されたわけではない」としている。

4　**正しい**。公害防止協定の法的性質については、①規制行政について、法律による行政の原理を重視する立場から、公害防止協定の法的拘束力を否定する「**紳士協定説**」と、②事業活動や経済的自由の制約について、相手方の任意の同意があり、かつ、それが合理的な目的達成のために必要であれば、法治主義に反するものではなく、法的拘束力を認めるとする「**契約説**」とがある(原田『行政法要論』)。後者の立場では、協定の内容が行政上の義務ではなく、私法秩序における法的拘束力を持つことになり、裁判手続による強制が可能となる。今日、「契約説」が有力だが、契約説に立ったとしても、協定違反者に対して刑罰を科すことや強制的な立入検査を行うことは、法律による行政の原理の潜脱として許されない。

5　**誤り**。受託者に権限が移る特別の効果が法定されている。

正答　4

行政契約③

NO.66 行政契約に関する記述として、妥当なのはどれか。

(東京都主任試験改題)

1　行政契約の一方の当事者である私人が、契約違反に対して訴訟を提起する場合には、民事訴訟を提起することはできない。

2　行政契約は、当事者の反対方向の意思表示の合致により成立する法行為であり、その例として、地方公共団体の組合設立行為がある。

3　行政契約は、給付行政の分野だけでなく、規制行政の分野においても用いられ、その例として、公害防止協定がある。

4　給付行政の分野におけるサービスの提供においては、契約自由の原則が適用されるため、行政主体が行政契約の締結を強制されることはない。

5　行政契約は、行政処分を行う場合と異なり、契約締結に当たって、平等原則や比例原則など法の一般原則が適用されない。

Key Point

行政契約は、幅広い行政分野で活用され、多くの場合、法律の根拠が必要のない性質のものである。しかし、公法的効果をもたらすものなどについては、法律の根拠を要する場合があるなど例外もある。

解説　行政契約は、大きく次の４つに分類される（塩野『行政法Ⅰ』）。

①準備行政における契約……公の行政をするに当たり、その物的手段を整備する行為を準備行為と呼ぶとした場合、この領域では私法上の契約によることがほとんどである。例えば、土地の取得、物品の購入、営繕工事の請負などが挙げられ、これらは原則として私法的秩序に服し、地方自治法などに特別の規定がある場合にのみ、その支配に服することとなる。

②給付行政における契約……給付行政における行政契約は、特別の規定がない限り、契約であると推定されるが、補助金交付決定のように法の規定により行政行為とされているものもある。また、契約ではあっても、行政の活動であることから、平等取扱の原則が適用され、さらに上水道事業のように供給義務が課せられることもある。

③規制行政における契約……規制行政については、契約よりも行政行為が性質上なじむが、公害防止協定などは、近年、契約として把握されている。また、土地開発指導要綱等に基づく負担金の納付契約なども、その任意性が認められる限り、規制行政における契約であると考えられる。

④行政主体間の契約……土地の売買など純粋な私法契約のほか、地方公共団体の事務の委託など、公法的秩序の形成に係る公法上の契約がある。

1　**誤り**。私法規定が適応される場合は、民事訴訟法で規定することができる。

2　**誤り**。前半は正しいが、地方公共団体の組合設立行為は行政契約ではない。

3　**正しい**。地方公共団体が事業者と締結する公害防止協定や開発協定は、規制行政の手段に関わる契約である。

4　**誤り**。上下水道事業のように、供給義務が課せられることもある。

5　**誤り**。平等原則や信義誠実の原則などの法の一般原則を示すものや、民法の期間に関する規定など法の技術的約束を示す私法規定は、原則として行政契約に適用される。

正答　3

行政指導①

NO.67 行政指導に関する記述として、妥当なのはどれか。

（東京都管理職試験改題）

1　行政指導は、権力的行政活動であるが、法律や条例の不備を補う役割があるため、手続的統制を定めた行政手続法及び当該行政機関の所掌事務について定めた組織法を除いて、法律の根拠をもたずに行われている。

2　私人が行政機関に対して行う申請について、行政機関が内容の変更を求める行政指導を行うことはできるが、申請そのものの取下げを求める行政指導は、行政手続法によって禁じられている。

3　法令に違反する事実がある場合において、その是正のためにされるべき行政指導がされていないと思慮するときは、何人も当該行政指導をする権限を有する行政機関に対し、その旨を申し出て、行政指導をすることを求めることができる。

4　通説によれば、違法な行政指導の結果損害を受けた者は、国家賠償法に基づき損害賠償を求めることはできないが、行政事件訴訟法に基づき行政指導の取消しを求めることができる。

5　最高裁判所は、武蔵野市の宅地開発等指導要綱に基づく行政指導の違法性が争われた事件で、市が事業主に、開発負担金の名目で寄付金を求めた行政指導は、これに従わない場合に給水を拒否したとしても、違法ではないとした。

Key Point

行政手続法では、行政指導の主体である行政機関を定義するとともに、行政指導の性格について、法的な任意性を明確に定めている。本問ではこれに加えて、重要な判例や学説を理解しておくことが必要である。

行政の活動方式としては、正式に行政行為を行い、権力的に国民に作為・不作為を義務づける方法もあるが、現実的には行政庁が助言、指導、勧告といった穏やかな方法で、国民に一定の作為又は不作為を要望し、国民の自発的協力を得て行政目的を達成することが多い。このように行政庁が行政目的を達成するために、助言・指導といった非権力的な手段で国民に働きかけてその協力を求め、国民を誘導して、行政庁の欲する行為をなさしめようとする作用を**行政指導**という。

行政指導は、日々変化する行政需要に的確かつ、臨機応変に対応できる点に大きなメリットが認められるが、一方において、責任の所在が不明確なまま、行政機関の恣意的な運用がなされることもある。このため、行政手続法において、特に1章を設け、行政指導に対する規制を加えており、また、過去の裁判例においても、行政活動としての制約を加えてきている。

1　**誤り**。行政指導の非権力的な性質は、行政手続法で定められている。また、通常行われる行政指導の大半は、行政機関がその事務分掌に定められた行政目的を実現するために、直接の法根拠の有無に関わらず行うが、都道府県知事による騒音発生工場に対する改善、変更の勧告（騒音規制法第12条など）のように、法令や条例に直接の根拠を有する場合もある。

2　**誤り**。行政手続法第33条は、申請の取下げ又は内容の変更を求める行政指導において、当該申請者の権利の行使を妨げてはならない旨規定している。取下げを求める行政指導自体を禁じているわけではない。

3　**正しい**。当該行政機関は、この申出があったときは、必要な調査を行い、その結果に基づき必要があると認めるときは、当該行政指導をしなければならない。

4　**誤り**。事実上強制的に行政指導に従わさせられたことにより損害を受けたときは、その賠償請求が可能である。

5　**誤り**。平等原則や信義誠実の原則などの方の一般原則を示すものや、民法の期間に関する規定など法の技術的約束を示す私法規定は、原則として行政契約に適用される。

正答　3

行政指導②

NO.68 行政手続法に規定する行政指導に関する記述として、通説に照らして、妥当なのはどれか。　**(特別区管理職試験改題)**

1　行政指導にあっては、行政指導に携わる者は、当該行政機関の任務又は所掌事務の範囲を逸脱してはならないが、相手方の任意の協力がある場合には、その任務又は所掌事務の範囲を超えて行政指導を行うことができる。

2　申請の取下げまたは内容の変更を求める行政指導にあっては、申請者が当該行政指導に従う意思がない旨を表明した場合であっても、公益上必要があれば、当該行政指導を継続することにより、当該申請者の権利の行使を妨げることができる。

3　許認可等をする権限を有する行政機関が、当該権限を行使することができない場合に行う行政指導においては、行政指導に携わる者は、当該権限を行使し得る旨を殊更に示すことにより相手方に当該行政指導に従うことを余儀なくさせるようなことをしてはならない。

4　行政指導が口頭でされた場合に、その相手方から当該行政指導の趣旨及び内容並びに責任者を記載した書面の交付を求められたときは、当該行政指導に携わる者は、行政上特別の支障があることを理由として、これを拒否することができない。

5　同一の行政目的を実現するため一定の条件に該当する複数のものに対し行政指導をしようとするときは、行政機関は、あらかじめ事案に応じ、行政指導指針を定め、かつ、行政上特例の支障がない場合はこれを公表しなければならないが、行政指導指針の作成には、意見公募手続きが一切適用されない。

Key Point

行政指導は、行政手続法のさまざまな制約に服する。条文にあたり確認することが必要である。

解説

行政手続法第32条（行政指導の一般原則）
・当該行政機関の任務又は所掌事務の範囲を逸脱してはならない。
・相手方の任意の協力によってのみ実現される。
・相手方が従わなかったことを理由に、不利益な取扱いをしてはならない。

行政手続法第33条（申請に関連する行政指導）
・申請者が当該行政指導に従う意思がない旨表明したにもかかわらず、当該行政指導の継続等、申請者の権利行使の妨害をしてはならない。

行政手続法第34条（許認可等の権限に関連する行政指導）
・当該権限の行使が不可の場合又は当該権限を行使する意思がない場合においてする行政指導にあっては、当該権限を行使し得る旨を殊更に示すことにより、当該行政指導に従うことを余儀なくさせてはならない。

行政手続法第35条（行政指導の方式）
・相手方に対し当該行政指導の趣旨･内容･責任者を明確に示すこと。
・行政指導が口頭でなされた場合、相手方から書面の交付を求められたときは、行政上特別の支障がない限り交付すること。
・相手方に対し、その場で完了する行為を求めるもの、又はすでに文書又は電磁的記録により、その相手方に通知されている事項と同一内容を求めるものである場合は書面の交付は不要。

行政手続法第36条（複数の者を対象とする行政指導）
・同一の行政目的を実現するため、一定の条件に該当する複数の者を対象にする行政指導をしようとするときは、あらかじめ事案に応じ、共通内容となるべき事項を定め、行政上特別の支障がない限り公表すること。

1　**誤り**。行政指導は、行政機関がその任務又は所管事務の範囲内において一定の行政目的を実現するため特定の者に一定の作為又は不作為を求める指導、勧告、助言その他の行為であって処分に該当しないものと定義されている（行政手続法第２条６号）。

2　**誤り**。申請者が行政指導に従う意思がない旨を表明した場合には、当該行政指導を継続すること等により当該申請者の権利の行使を妨げるようなことをしてはならない（行政手続法第33条）。

3　**正しい**。（行政手続法第34条）

4　**誤り**。行政上特別の支障があるときは拒否することができる（行政手続法第35条２項）

5　**誤り**。命令等を定めようとする場合には、意見公募手続きを経る必要があり（行政手続法第 39 条１項）、行政指導指針は「命令等」に該当する。

正答　3

その他の行政行為

行政調査

NO.69 行政法学上の行政調査に関する記述として、最高裁判所の判例に照らして、妥当なのはどれか。

(特別区管理職試験出題)

1　所得税法上の質問検査は、当該手続が刑事責任追及を目的とするものではないとの理由のみで、その手続における一切の強制が憲法の令状主義の適用の範囲外にあるとはいえず、裁判所の令状無くしてこれを行うことは違憲であるとした。

2　所得税法上の質問検査について、実施の日時場所の事前通知、調査の理由及び必要性の個別的、具体的告知は質問検査権行使の一律の要件であり、それらを欠く調査は違法であるとした。

3　警察官が職務質問に付随して行う所持品検査は、その性格上相手方の意思に反することもあり得るので、相手方の承諾なしにポケットに手を差し入れて所持品を取り出して検査することは、適法であるとした。

4　国税犯則取締法に基づく犯則調査は、刑事責任の追求を求める手続であり、当該調査によって収集された資料を課税処分に利用することは、違法であるとした。

5　警察官による交通違反の予防、検挙を目的とする自動車の一斉検問は、相手方の任意の協力を求める形で行われ、自動車の利用者の自由を不当に制約することにならない方法、態様で行われる限り、適法であるとした。

Key Point

行政調査は、任意でない場合、法律の根拠が必要であり、また、国民の権利を制約するものであるため、その限界について、裁判上での判断が多くなされている。

解説　行政調査とは、行政機関が事業活動その他の私人の行為に対し、規制、課税その他の行政作用を公正に行うための予備的活動として、書類等の提出その他の報告を求めたり、工場、事業場、家宅等に立ち入り、身体又は財産を半ば強制的に調査する作用をいう（原田『行政法要論』）。

行政調査には、3つの類型がある（塩野『行政法Ⅰ』）

①**強制調査**……実力行使を伴い、法律の根拠が必要。

②**準強制調査**……実力行使はできないが、調査に応じないことが刑罰の対象になる。法律の根拠が必要。所得税法上の質問検査が該当。

③**任意調査**……職務質問、所持品検査、一斉検問が該当。法律の根拠を必要としないが、刑事手続きにおける令状主義との比較などから、その限界について、多くの判例がなされており、理解が不可欠。

1　**誤り。**川崎民商事件（最判昭47.11.22）。常に令状が必要なのではなく、調査の性質を考慮して必要か否かを判断する。税務調査においては否定した。

2　**誤り。**荒川民商事件（最判昭 48.7.10）。実施の日時、場所の事前告知、調査の理由、及び必要性の、個別的、具体的告知を欠くものも適法であるとした。

3　**誤り。**ポケットに手を差し入れて所持品を取り出したうえ検査する行為は許容限度を逸脱し違法であるとした（最判昭53.9.7）。

4　**誤り。**国税犯則取締法の調査権を用いて課税処分及び青色申告承認の取消処分を行うために利用することは許されるとした（最判昭63.3.31）。

5　**正しい。**道路交通法違反被告事件（最判昭55.9.22）。自動車の運転者は、当然の負担として合理的に必要な限度で行われる交通の取締りに協力すべきものであるとした。

正答　5

強制執行と即時強制

NO.70 行政上の強制執行又は即時強制に関する記述として、妥当なのは次のどれか。 **（東京都管理職試験出題）**

1　行政上の強制執行は、行政上の義務の不履行を前提とするが、行政上の即時強制は、これを前提としない点で両者は異なる。

2　行政上の即時強制は、通常目前急迫の障害を取り除く必要から行われるという性質上、特に法律や条例等の根拠を要しない。

3　行政上の強制執行は、執行罰、行政罰、秩序罰及び直接強制の４種類の強制手段に分けられ、これらの手段によりその目的を確実に達成する。

4　行政上の即時強制は、人の財産に対するものは一定の制約のもとに認められるが、人の身体に対するものはいかなる場合においても認められない。

5　行政上の強制執行は、義務違反に対して制裁を加えることを目的としているので、司法手続に従って行わなければならない。

Key Point

行政上の強制措置について、各類型の意義を正確に理解し、それぞれについて、どのような場面で活用されるか、正確に理解しておく必要がある。

解説　行政上の強制措置を分類すると、以下のようになる。

1　行政上の強制執行……国民が直接法令の規定により命じられた義務あるいは行政行為により命じられた義務を履行しない場合に、行政権が国民の身体、財産等に有形力を行使して強制的に義務の実現を図る作用。

①代執行……代替的作為義務について、義務者が履行しない場合に、行政庁が自ら義務者のなすべき行為をし、又は第三者をしてその行為をさせ、それに要した費用を義務者から徴収する作用。

②執行罰……不作為義務又は非代替的作為義務について、義務の不履行がある場合に、一定の期間内に義務の履行がないときは、一定の過料に処すべき旨を予告し、その予告によって心理的圧迫を加え、義務者に義務の履行をさせることを目的とした作用。

③直接強制……義務者の義務の不履行の場合に、直接に義務者の身体又は財産に実力を加え、義務の履行があったのと同一の状態を実現する作用。

④行政上の強制徴収……国民が、国又は地方公共団体に対して負う公法上の金銭給付義務を履行しない場合に、行政庁が、強制手段によって、その義務が履行されたのと同様の結果を実現するためにする作用。

2　即時強制……義務の履行を強制するためではなく、目前急迫の障害を除く必要上、義務を命ずる暇がない場合又はその性質上義務を命ずることによってはその目的を達しがたい場合に、直接国民の身体又は財産に実力を加え、行政上必要な状態を実現する作用。

1　**正しい**。即時強制は、相手方の義務の存在を前提としない。

2　**誤り**。法律や条例等の根拠が必要である。

3　**誤り**。

4　**誤り**。人の身体に対するものとしては、精神保健法に基づく強制入院などがある。

5　**誤り**。

正答　1

強制執行①

NO.71 行政上の強制執行に関する記述として、妥当なのは次のどれか。 **(東京都管理職試験出題)**

1　代執行は、代替的作為義務の不履行がある場合において、他の手段によってその履行を確保することが困難であり、かつその不履行を放置することが著しく公益に反するときでなければ行うことはできない。

2　代執行は、代替的作為義務の不履行がある場合において、当該行政庁が自ら義務者のなすべき行為を行うものであり、これに要した費用を義務者から強制徴収することはできない。

3　執行罰は、代替的作為義務の不履行についてその履行を強制するために科する罰であり、義務の不履行が反社会性を有するものについて定められており、裁判所が刑事訴訟法の定めに従って科するものである。

4　執行罰は、非代替的作為義務の不履行についてその履行を強制するために科する罰であり、義務の履行の確保に実効性があるため広く認められており、例として道路交通法に基づく反則金があげられる。

5　直接強制は、目前急迫の障害を除く必要上義務を命ずる暇のない場合において、直接に国民の身体又は財産に実力を加えて行政上必要な状態を実現するものであり、例として国税徴収法に定める住居等の捜索があげられる。

Key Point

代執行……代替的作為義務の不履行。一般法である行政代執行法で手続のほか、行使できる要件も厳格に規定。

執行罰……非代替的作為義務。不作為義務について過料で履行を迫る。砂防法のみに規定があり、活用されていない。

解説　**代執行**については、一般法である行政代執行法により、要件、手続等が定められ、各個別法での代執行が可能である旨の規定を要しない。代執行は、法律により直接命ぜられた義務、又は法律に基づき行政庁により命ぜられた義務のうち、代替的作為義務について不履行がある場合で、他の手段によってその履行を確保することが困難であり、かつ、その不履行を放置することが著しく公益に反すると認められるときに限り行うことができる（行政代執行法第２条）。この場合、相当の履行期限を定めて、その期限までに履行がなされない場合、代執行を行う旨戒告を行い、なお履行がない場合に代執行令書により、代執行をなすべき時期等を通知した上で行う。代執行に要した費用については、実際に要した費用の額と納期を定め、義務者に納付を命じる。履行がない場合、国税滞納処分の例により、強制徴収することができる。

執行罰は、非代替的作為義務又は不作為義務を履行しない者に対し、期限を定めて過料の納付を求めることで義務の履行を求めるものであるが、効果が乏しいとされており、現在では砂防法第36条に定めがあるのみである。

直接強制は、作為義務、不作為義務を問わず、義務者の身体又は財産に直接力を行使して、義務の履行があった状態を実現するものであり、人権侵害のおそれが大きいことから、立法例は乏しい。

1　**正しい**。

2　**誤り**。費用を強制徴収することも可能である。

3　**誤り**。執行罰は、非代替的作為義務又は不作為義務に対する行政上の強制措置であり、裁判手続を経ずに発動できる。

4　**誤り**。執行罰の実例は、現在では砂防法第36条のみであり、ほとんど活用されていない。また、道路交通法に基づく反則金は、行政上の義務違反に対する事後的な制裁であり、行政上の強制措置としての執行罰とは異なる。

5　**誤り**。これは即時強制についての説明である。

正答　1

強制執行②

NO.72 行政上の強制執行に関する記述として、妥当なのは次のどれか。 **(東京都管理職試験出題)**

1　代執行は、義務者の義務不履行を理由として直ちに行うことが許されている行政上の強制執行の手段であるが、基本的人権を侵害する危険があることから、一般的な手段としては現行法上認められていない。

2　執行罰は、行政法上の義務の履行を確保するための手段である点で行政罰と同じであるが、反復して科すことができない点で行政罰と異なり、また、執行罰と行政罰とは併科することが許されない。

3　執行罰は、非代替的作為義務の履行を強制するために、行政上の強制執行の一般的な手段として現行法上認められており、代執行や直接強制と比べ、最も多く用いられる手段である。

4　直接強制は、国民の財産に実力を加えることにより、行政上必要な状態を実現する作用であり、行政上の義務の不履行を前提としない点及び身体に実力を加えることができない点において、代執行や執行罰と異なる。

5　直接強制は、行政上の強制執行に一般的な手段としては現行法上認められておらず、また、直接強制は、個々の法律で定めることはできるが、基本的人権尊重の趣旨からいって、制限的にのみ認められる。

Key Point

直接強制……作為義務、不作為義務を問わず、義務の不履行を前提に身体、財産に実力を行使し、履行を確保する。人権侵害のおそれが強く、立法例はまれである。

解説　将来に向かって、行政上の義務の履行を確保する手段としては、**代執行、執行罰、直接強制、行政上の強制徴収**があるが、これらの性質をしっかりと把握しておくことが重要である。また、過去の行政上の義務違反に対し制裁を科すことで、行政上の義務の履行を確保する制度としては、行政罰があり、**行政刑罰、行政上の秩序罰**に大きく分けられる。

なお、類似した制度である**即時強制**は、行政上の義務の履行を確保するための手段ではない点に注意を要する。

1　**誤り**。代執行は、代替的作為義務の不履行のみをもって直ちに行うことはできない。他の手段により履行を確保することが困難であり、不履行を放置することが著しく公益に反すると認められる場合に、相当の履行期限を定め戒告を行い、代執行令書をもって代執行を行う時期、執行責任者の氏名及び代執行に要する費用の概算見積額を通知した上で行うのが原則である。

2　**誤り**。執行罰は、将来に向かって行政上の義務の履行を確保するための手段であり、履行がなされない限り、反復継続して科すことが可能である。他方、行政罰は、過去の義務違反に対し、制裁を科すことで行政上の義務の履行を確保しようとするものであり、反復して科すことはできない。執行罰と行政罰は、その対象及び目的が異なるため、併科することが可能である。

3　**誤り**。執行罰は、一般的制度とはされていない。現在、砂防法に規定があるのみであり、その規定も実効性に疑問があることなどから、ほとんど活用されていない。

4　**誤り**。直接強制は、国民の身体又は財産に実力を加え、行政上の義務の履行があった状態を実現するものである。また、行政上の義務の不履行が前提となって、その履行を確保するための手段として活用される制度である。

5　**正しい**。

正答　5

行政代執行①

NO.73 行政代執行に関する記述として、妥当なのは次のどれか。

（東京都管理職試験出題）

1　行政代執行は、義務の不履行に対して間接強制である執行罰を科した後において、なお義務の履行がなされない場合にはじめて認められる手段である。

2　行政代執行は、義務不履行者のなすべき行為を行政庁が自ら行うことを要し、行政庁以外の第三者にその行為を行わせることはできない。

3　行政代執行の対象とされる義務は、法律により又は法律に基づき行政庁により命ぜられた義務のうち、他人が代わってなしうる作為義務に限られる。

4　行政代執行に要した費用は、すべて義務不履行者から徴収することができるが、その徴収については、民事上の手続で行わなければならない。

5　行政代執行に関して不服のある場合には、行政庁に対して不服申立てを行うことができず、裁判所に対して直接救済を求めなければならない。

Key Point

行政上の義務の履行に関しては、個別の法律で定めるものを除き、行政代執行法の定めるところによる。行政代執行法に定める代執行は、代替的作為義務の不履行に対し、行政庁又は第三者が代わりにこれをなし、義務者から費用を徴収することをいう。

解説　代執行は、代替的作為義務(他人が代わってなすことのできる行為を行う義務）について、義務者が履行しない場合に、行政庁が自ら義務者のなすべき行為をなし、又は第三者をしてその行為をなさしめ、それに要した費用を義務者から徴収するという作用の過程を総称していう(行政代執行法第2条)。

代執行は、執行罰、直接強制、強制徴収とともに、**行政上の強制執行の一類型**であるが、現行法制上、一般に認められている行政上の強制執行の方法は、行政代執行法に基づく代執行のみである。

1　**誤り**。執行罰は、非代替的作為義務及び不作為義務の履行がない場合に、その義務者に心理的圧迫を加え、義務の履行を将来に対して間接的に強制するために科する金銭罰をいう。代執行は、代替的作為義務の不履行を前提とする強制手続である。

2　**誤り**。代執行は、行政庁自らが義務不履行者の行為を行う場合と、第三者にその行為を行わせる場合とがある(行政代執行法第2条)。

3　**正しい**。代執行の対象とされる義務は、代替的作為義務(他人が代わってなすことのできる行為を行う義務)に限られる(行政代執行法第2条)。

4　**誤り**。代執行に要した費用は、国税滞納処分の例により強制徴収することができる。また、その費用について行政庁は、国税及び地方税に次ぐ順位の先取特権を有する(行政代執行法第6条)。

5　**誤り**。行政代執行法には、不服申立てを禁ずる規定はない。また、一般概括主義をとる行政不服審査法の除外事項にも規定されていないため、代執行に関して不服のある者は、当該行政庁に対して不服申立てを行うことは可能である。

正答　3

行政代執行②

NO.74 代執行は行政上の義務の不履行に対して行われるものであるが、その対象となる義務は、次のどれか。

（東京都管理職試験出題）

1　消毒方法の施行義務
2　医師の診療義務
3　予防接種を受ける義務
4　許可を受けないで一定の建築をしてはならない義務
5　薬剤師の調剤義務

Key Point

代執行は、代替的作為義務（他人が代わってなすことのできる行為を行う義務）が不履行の場合に限り、一定の手続を踏むことにより初めて可能になる。非代替的作為義務、不作為義務が不履行の場合は、代執行を行うことはできない。

解説 旧行政執行法は、行政上の強制執行の第1次的手段として、代替的作為義務については代執行、非代替的作為義務及び不作為義務については執行罰を一般的手段として認め、これらの手段によってなお目的を達成し難い場合の第2次的手段として、直接強制を認めていた。

しかし、現行の行政上の強制執行の一般法である行政代執行法は、その第2条で、「法律(法律の委任に基づく命令、規則及び条例を含む。以下同じ)により直接命ぜられ、又は法律に基づき行政庁により命ぜられた行為(他人が代わってなすことのできる行為に限る)について義務者がこれを履行しない場合、他の手段によってその履行を確保することが困難であり、かつその不履行を放置することが著しく公益に反すると認められるときは、当該行政庁は、自ら義務者のなすべき行為をなし、又は第三者をしてこれをなさしめ、その費用を義務者から徴収することができる」とし、**代替的作為義務に関する代執行のみを規定**するにとどまっている。

非代替的作為義務及び不作為義務の執行手段である執行罰、及びすべてに通ずる第2次的手段である直接強制は、個別の法律でその根拠が認められている場合に限って用いることができるに過ぎない。

したがって、選択肢の中から代替的作為義務(他人が代わってなすことのできる行為を行う義務)を選び出せばよい。

1 **正しい**。代替的作為義務である。
2 **誤り**。非代替的作為義務である。
3 **誤り**。非代替的作為義務である。
4 **誤り**。不作為義務である。
5 **誤り**。非代替的作為義務である。

正答 1

行政代執行③

NO.75 行政代執行法に規定する代執行に関する記述として、通説に照らして、妥当なのはどれか。　**（特別区管理職試験改題）**

1　代執行の対象となる行為は、法律並びに法律の委任に基づく命令、規則及び条例により直接に命じられ、又はそれらに基づき行政庁により命じられた行為で、他人が代わってなすことのできる行為に限られる。

2　代執行の対象は代替的作為業務であり、不作為業務や非代替的作為業務はその対象にならず、金銭納付義務は代替的作為業務であるので、代執行の対象となる。

3　代執行は、公権力の行使たる事実行為ではなく、戒告や代執行令書による通知は行政処分としての取消訴訟の対象とならない。

4　義務者が義務を履行せず他の手段による履行確保が困難で、かつその不履行の放置が著しく公益に反すると認められる場合は、行政庁は必ず代執行を行わねばならない。

5　代執行を行うに当たって、行政庁は、あらかじめ義務者に代執行令書による通知をした場合を除き、代執行をなすべき旨を当該義務者に文書で戒告しなければならない。

Key Point

行政代執行法による代執行は、法律により直接命ぜられ、又は法律に基づき行政庁により命ぜられた代替的作為義務の履行がなされない場合、他の手段により難く、かつそれを放置することが著しく公益に反するとき、戒告・令書の手続を経て実施することができる。ただし、非常・危険切迫の場合は、この手続を経ないで代執行できる。

解説 行政代執行法に定める代執行は、法律又は法律の委任に基づく命令、規則及び条例によって直接命ぜられた義務又は法令に基づき行政庁により命ぜられた義務でなければならない（行政代執行法第２条）。ここで「条例」は、法律による個別的委任に基づくものに限定せず、地方自治法第14条の規定に基づくものも含むという見解が一般的である。したがって、固有条例に基づく義務も代執行することができると解されている。

また、代執行をすることができる行政庁は、その義務の履行を強制できる権限を有する国の行政官庁及び地方公共団体の長（教育委員会、公安委員会その他行政執行権を持つ地方公共団体の機関を含む）である。

1　**正しい。**（行政代執行法第２条）

2　**誤り。**行政上の金銭納付義務を履行しない者に対しては、強制徴収によりその財産に実力を加え、金銭債務が履行されたのと同一の状態を実現させる。

3　**誤り。**代執行の本体は公権力の行使たる事実行為であり、戒告や代執行令書による通知も行政処分として取消訴訟の対象になると解する裁判例が多い。

4　**誤り。**代執行を行うのは、行政庁の裁量（行政代執行法第２条）。

5　**誤り。**緊急の場合は、代執行の手続きを省略することができる（行政代執行法第３条３項）。

正答　1

行政代執行④

NO.76 行政代執行法に規定する代執行に関する記述として、妥当なのはどれか。 **（特別区管理職試験出題）**

1　行政代執行法は、代執行の手続のみを定めたものであるから、代執行を行うためには、代替的作為義務を創出する根拠法で個別・具体的に代執行できる旨の規定を必要とする。

2　行政庁は、代執行を行うに当たっては、代執行令書で、代執行をなすべき時期、代執行のために派遣する執行責任者の氏名を義務者に通知しなければならないが、代執行に要する費用の見積額を義務者に通知する必要がない。

3　代執行は、他の手段によってその履行を確保することが困難でないときであっても、その不履行を放置することが著しく公益に反すると認められるときは、代執行を行うことができる。

4　行政庁は、非常及び危険切迫の場合、代執行の急速な実施について緊急の必要があり戒告の手続をとる暇がないときは、その手続を経ないで代執行を行うことができるが、いかなる場合であっても、代執行令書の手続を経ないで代執行を行うことができない。

5　行政庁は、代執行に要した費用の額及びその納期日を定め、義務者に対し文書で納付を命じ、義務者がこれを履行しないときは国税徴収法の例により徴収することができ、当該費用については、国税及び地方税に次ぐ順位の先取特権を有する。

Key Point

代執行の手続は、次の４段階で行われる。

①戒告（ただし、非常及び危険切迫を除く）

②代執行令書による通知（ただし、非常及び危険切迫を除く）

③代執行の実行（行政庁又は第三者）

④費用の徴収（納付がなければ国税滞納処分の例で徴収）

解説 行政代執行法に定める代執行は、次の４段階の手続によって行われる（行政代執行法第３条～第６条）。

①**戒告**……代執行を行うには、相当の履行期限を定め、その期限までに履行がなされないときに、代執行をなすべき旨を、あらかじめ文書で戒告しなければならない。ただし、非常又は危険切迫の場合は、この手続を経ないで代執行をすることができる。

②**代執行令書による通知**……戒告を受けても指定期限までに義務を履行しないとき、当該行政庁は、代執行令書をもって代執行の時期、執行責任者の氏名及び代執行に要する費用の見積額を義務者に通知する。ただし、非常又は危険切迫の場合は、戒告同様省略できる。

③**代執行の実行**……代執行の執行責任者は、本人であることを示す証票を携帯し、要求があるときは呈示しなければならない。

④**費用の徴収**……実際に要した費用の額及び納期日を定め、義務者に対し、文書をもって納付を命じる。義務者が納付しないときは、国税滞納処分の例により徴収することができる。また、当該費用について行政庁は、国税及び地方税に次ぐ順位の先取特権を有する。

1　**誤り**。個別の法律に定めがあるものを除き、行政代執行法により代執行できる（行政代執行法第１条）。

2　**誤り**。代執行令書には、代執行の時期、執行責任者の氏名とともに、費用の概算による見積額を義務者に通知しなければならない（行政代執行法第３条２項）。

3　**誤り**。代執行できるのは、他の手段によって義務の履行を確保することが困難で、かつその不履行を放置することが著しく公益に反する場合である（行政代執行法第２条）。

4　**誤り**。非常の場合又は危険切迫の場合は、戒告及び代執行令書の手続を経ないで代執行を行うことができる（行政代執行法第３条３項）。

5　**正しい**。（行政代執行法第６条）

正答　5

行政代執行⑤

NO.77 行政代執行法に定める代執行に関する記述として、妥当なのはどれか。 **（東京都管理職試験出題）**

1　代執行は、義務者が命じられた行為を履行しない場合に、行政庁が自ら義務者のなすべき行為を行い、これに要した費用を義務者から徴収する制度であり、代執行を第三者に行わせることはできない。

2　代執行の対象は、法律により直接命じられ、又は法律に基づき行政庁に命じられた義務に限られ、条例により命じられ、又は条例に基づく行政行為によって命じられた義務は対象とならないとされる。

3　代執行は、代替的作為義務を履行しない場合だけでなく、不作為義務を履行しない場合にも行うことができる。

4　代執行をなすには、相当の履行期限を定め、その期限までに義務の履行がなされないときは、代執行をなすべき旨を戒告することとされているが、この場合、戒告は口頭で行うことができる。

5　代執行に要した費用の徴収について、義務者に対し納付を命じたにもかかわらず、納付がないときは、国税滞納処分の例により徴収することができる。

Key Point

行政代執行法に定める代執行を行うことができる基本的要件は、３つある。

①代替的作為義務（他人が代わってなし得る義務）について、義務者が履行しない場合

②他の手段によって、その履行を確保することが困難であること

③その不履行を放置することが著しく公益に反すると認められること

解説　**代執行の意義**……行政代執行法に定める代執行とは、代替的作為義務（他人が代わってすることができる義務）について、義務者が履行しない場合に、行政庁が自ら義務者のなすべき行為をなし、又は第三者をしてその行為をなさしめ、その費用を義務者から徴収する作用の総称である。

代執行の根拠……行政代執行法に定める代執行の対象となる義務は、法律、法律の委任に基づく命令、規則及び条例によって直接命ぜられた義務又は法律、法令に基づき行政庁に命ぜられた義務でなければならない。

代執行の要件……行政代執行法に定める代執行の要件は、他の手段によってその履行を確保することが困難であり、かつ、その不履行を放置することが著しく公益に反すると認められるときである。

代執行の手続……行政代執行法に定める代執行を行うには、代執行をなすべき旨を義務者に通知（戒告）した後、なお義務者の履行がないときに代執行令書を通知することが必要である。ただし、非常の場合又は危険切迫の場合は、この手段を経ないで実施することができる。

1　**誤り**。行政庁は、代執行を第三者に行わせることもできる（行政代執行法第２条）。

2　**誤り**。条例により命じられ、又は条例に基づく行政行為によって命じられた義務も代執行の対象になると解されている（行政代執行法第２条参照）。

3　**誤り**。行政行為によって命じられた義務であっても第三者が本人に代わってすることができない義務（非代替的作為義務や不作為義務）は、代執行の対象となりえない（行政代執行法第２条参照）。

4　**誤り**。戒告は、あらかじめ文書で行わなければならない（行政代執行法第３条１項）。なお、非常の場合又は危険切迫の場合には、例外的に省略できる場合もある（行政代執行法第３条３項）。

5　**正しい**。（行政代執行法第６条１項）

正答　5

直接強制

NO.78 行政上の直接強制に関する記述として、妥当なのはどれか。 **（特別区管理職試験出題）**

1　行政上の直接強制は、非代替的作為義務の不履行に対してだけでなく、不作為義務の不履行に対しても行うことができる。

2　行政上の直接強制は、義務の不履行を前提とせず、目前急迫の必要に基づき直接国民の身体や財産に実力を加え、行政上必要な状態を実現する作用である。

3　行政上の直接強制は、その手段として、即時強制と強制徴収の二つが認められている。

4　行政上の直接強制は、非代替的作為義務の不履行に対して行う場合は、執行罰を科した後でなければこれを行うことができない。

5　行政上の直接強制は、国民の人権に対する重大な侵害を伴うものであるので、必ず司法官憲の発する令状がなければ、これを行うことができない。

Key Point

行政上の直接強制は、行政法上の義務の不履行に対して、行政主体が実力によってその義務を履行させ、又はその履行があったのと同一の状態を実現する強制執行の一類型である。義務の代替性の有無、作為・不作為を問わないでなし得る。

行政上の直接強制は、行政法上の義務者に義務の不履行がある場合に、行政の最後の手段として、行政機関が直接に義務者の身体又は財産に実力を加え、義務の履行があったのと同一の状態を実現することをいう。

直接強制は、代執行、執行罰、強制徴収とともに行政上の強制執行の一類型であり、義務者の義務の不履行を前提とする。この点において、義務者の義務の不履行を前提とせず、目前急迫の必要により、行政違反の状態を除去するための強制手段である即時強制と区別される。

旧行政執行法は、行政上の強制執行の手段の一つとして、直接強制の制度を一般的に認め、代執行又は執行罰によっては義務の履行を強制し得ない場合又は急迫の事情があって他の方法によることができない場合の最後の手段として直接強制を用いるとしていた。同法の廃止により、現在では直接強制を定める一般法はなく、個々の法令に特に認める場合に限って、この手段を取り得る例外的な制度となっている。

1 **正しい**。行政上の直接強制は、義務の代替性の有無、作為・不作為を問わないでなし得る。

2 **誤り**。行政上の直接強制は、行政上の強制執行の一類型であり、義務の不履行を前提とする。義務の不履行を前提とせず、目前急迫の必要により行われるのは、即時強制である。

3 **誤り**。行政上の直接強制は、代執行、執行罰、強制徴収とともに行政上の強制執行の一手段である。行政強制は、行政上の強制執行と行政上の即時強制とに分けることができる。

4 **誤り**。旧行政執行法の規定である。同法の廃止により、直接強制を規定する一般法は、現在では在しない。

5 **誤り**。行政上の直接強制は、行政上の強制執行の一類型であり、行政庁は司法手続を経ることなく、これを行うことができる。

正答　1

行政強制

NO.79　行政強制に関する記述として、妥当なのはどれか。

（特別区管理職試験出題）

1　行政強制のうち直接強制は、人権侵害を伴うおそれが強いので、一般的制度としては認められておらず、例外的に最小限、個別法で認められているにすぎない。

2　行政強制のうち執行罰は、一定期間内に不作為義務又は非代替的作為義務の履行がない場合に、一定の過料に処すべき旨を予告し、その義務の履行を確保しようとするものであり、反復して科すことができない。

3　行政強制のうち直接強制は、直接に義務者の身体又は財産に実力を加え、行政上必要な状態を実現する強制手段であり、義務の不履行を前提とするものではない。

4　行政強制のうち強制徴収は、国又は地方公共団体が持つ行政上の金銭債権を強制的に徴収する手段であり、個別法に定めがなくても、行政庁は、国税徴収法を直接の根拠としてそれを行うことができる。

5　行政強制のうち即時強制は、情報を収集する目的で国民の身体、自由及び財産に働き掛ける強制手段であり、法律や条例の根拠がなければ行うことができない。

Key Point

行政強制とは、行政上の目的を達成するために、相手方の身体又は財産に実力を加えることによって、行政上必要な状態を実現する作用をいい、義務の不履行を前提とする行政上の強制執行と不履行を前提としない行政上の即時強制とに分けられる。行政上の強制執行には、代執行、執行罰、直接強制、強制徴収がある。

解説　行政強制は、私法上の義務の強制とは異なり、裁判所の判断を経ずに行政主体が自ら独自の強制手段により、その執行を行うものである。

行政強制	強制執行	**代執行**　代替的作為義務に関し、義務者がこれを履行しない場合に、当該行政庁が自らこれをなし、又は第三者がこれをなさしめ、その費用を義務者から徴収すること。
		執行罰　非代替的作為義務又は不作為義務の履行のない場合に、その義務者に心理的圧迫を与え、義務の履行を将来に対して間接に強制するために科する金銭罰のこと。
		直接強制　直接に義務者の財産又は身体に実力を加えて、義務が履行されたのと同一の状態を実現する作用のこと。義務の代替性の有無、作為·不作為を問わないでなし得る。
		強制徴収　行政法上の金銭給付義務が履行されない場合に、義務者の財産に実力を加えて、義務が履行されたのと同様の結果を実現する作用のこと。国税徴収法に規定がある。
	即時強制	行政上の即時強制とは、行政上の義務の履行を強制するためではなく、目前急迫の障害を取り除く必要上義務を命ずる暇がない場合、又はその性質上義務を命ずることによってはその目的を達し難い場合に、直接に国民の身体又は財産に実力を加え、もって行政上必要な状態を実現する作用のこと。強制執行と異なり、義務の存在や不履行を前提としない。

1　**正しい**。旧行政執行法の廃止以後、直接強制を規定する一般法はなく、個別法の規定を要する例外的な制度となった。

2　**誤り**。執行罰は、反復して科すことができる。

3　**誤り**。直接強制は、強制執行の一類型である。

4　**誤り**。強制徴収を行うには、個別法に「国税滞納処分の例による」というような明文の規定が必要である。

5　**誤り**。即時強制は、情報を収集することを目的とするものに限らず、緊急の危険から相手方自身を保護する目的のもの、民衆への危険を防止する目的のもの等がある。

正答　1

即時強制①

NO.80 行政上の即時強制に関する記述として、妥当なのはどれか。 **（特別区管理職試験出題）**

1　行政上の即時強制は、先行する特定の義務の履行を強制するために行われる点において、行政上の強制執行と共通性を有する。

2　行政上の即時強制に要した費用は、行政庁が最終的に負担するものではなく、行政代執行法の規定により、本来履行すべき者が負担する。

3　行政上の即時強制は、目前急迫の障害を除くために必要最小限の範囲において行使されるものであり、行政庁が、これを行使するに当たっては、必ず司法官憲の発する令状を得なければならない。

4　行政上の即時強制の根拠は、行政代執行法の規定により法律で定めなければならず、条例でこれを定めることはできない。

5　行政上の即時強制が、行政不服審査法に規定する公権力の行使に当たる事実上の行為に該当する場合には、当該即時強制に対する訴訟の提起は、行政事件訴訟法に規定する手続によらなければならない。

Key Point

義務の賦課を前提としない行政機関の実力行使は、即時強制と呼ばれ、義務の賦課を前提とする行政上の強制執行の手段としての直接強制と区別される。即時強制は、人権に対する強度な侵害となるため、必ず法律又は条例により、強制力は必要最小限にとどめなければならない。また、一律に令状主義は適用されない。

解説 行政上の即時強制とは、行政上の義務の履行を強制するためではなく、行政違反に対処し、目前急迫の障害を取り除く必要上義務を命ずる暇がない場合、又はその性質上義務を命ずることによってはその目的を達し難い場合に、直接国民の身体又は財産に実力を加え、もって行政上必要な状態を実現する作用をいう。先行する特定の義務の履行を強制するために行われるものではなく、いきなり行政主体の実力行使が行われる点で、行政上の強制執行とは区別される。

行政法上の即時強制は、公共の秩序の保持、公共の福祉の実現など、行政上の目的を達成するために必要な措置ではあるが、その結果、国民の身体又は財産に対する重大な制限を加えるものであるから、**法律の根拠がある場合に限り、かつ目的を達成するために必要な最小限度においてのみ行うことができる**。

行政上の即時強制の際に、憲法の令状主義の適用があるかどうかについて、最高裁は、適用の可能性を示唆している(最判昭47. 11. 22)。各個の場合について、強制の程度やその目的を具体的・個別的に考えて、令状主義の保障が認められるべきか否かを判断すべきである。行政上の即時強制のうち、実力行使が継続的なときは、その状態の除去を求める事実行為に対する取消訴訟が認められる。行政事件訴訟法は、事実行為の取消訴訟については明示的に規定していないが、これを認めるのが通説である。

1 **誤り**。行政上の即時強制は、相手方の義務の不履行を前提としていない。

2 **誤り**。行政上の即時強制に行政代執行法は適用されない。

3 **誤り**。行政上の即時強制では、刑事手続の一環としての意味を有するような場合を除き、令状は不要と考えられる。

4 **誤り**。行政上の即時強制に行政代執行法は適用されない。

5 **正しい**。

正答 5

即時強制②

NO.81 行政上の即時強制に関する記述として、判例、通説に照らして妥当なのはどれか。 **（特別区管理職試験出題）**

1　行政上の即時強制においては、即時強制の手続が刑事責任追及を目的とするものではないとの理由のみで、その手続における一切の強制が当然に憲法に規定する令状主義の保障の枠外にあるということができない。

2　行政上の即時強制を行う場合、行政庁は、あらかじめ戒告を行わなければならないが、非常又は危険切迫などの緊急を要するときには、例外的にこの手続を省略することができる。

3　行政上の即時強制とは、国民に課せられた行政上の義務が自発的に履行されない場合に、その義務の履行の確保のために行政権によってとられる直接的な強制手段である。

4　行政上の即時強制に不服のある者は、行政不服申立て又は行政訴訟の手続のほかに、通常の民事訴訟の手続によって、行政機関による事実行為の違法を主張し、その差止めや原状回復を求めることができる。

5　行政上の即時強制は、有形力の行使であるので、即時強制の要件の認定や実力行使の程度、態様、方法の選択は、具体的に法律で規定されなければならず、行政庁の裁量に委ねられることがない。

Key Point

「強制執行」は、国民があらかじめ命じられている義務を履行しない場合、行政庁が義務の履行を強制するために実施するものであり、「即時強制」は、行政庁が緊急の必要を満たすために、あらかじめ国民に義務を課すことなく、いきなり強制力を行使するものであるという違いを押さえておきたい。

解説　「即時強制」とは、義務の履行を強制するためではなく、**①目前急迫の障害を除く必要上義務を命ずる暇のない場合②その性質上義務を命ずることによっては目的が達しがたい場合**、直接に国民の身体又は財産に実力を加え、もって行政上必要な状態を実現する作用である。なお、「行政調査」は、行政上の情報の収集や調査のために行われる立入検査のような措置である。有形力の行使を正当化するほどの緊急性が必ずしも認められないことから、通常の即時強制とは区別して論じられる傾向がある。

強制執行	・将来に向かって義務の実現を図る ・必ず法律による。代執行は条例でも可 ・分類……代執行、執行罰、直接強制、強制徴収
即時強制	・将来に向かって行政上必要な状態を作り出す ・必ず法律又は条例による

1　**正しい**。判例（最判昭47.11.22）では、行政上の即時強制や行政調査であっても、家宅への立入り等には憲法第35条の令状主義の適用は排除されるべきではないとしている。

2　**誤り**。戒告を行わなければならないのは、代執行を行う場合である。戒告は、履行期限を明示してあらかじめ文書で行う。

3　**誤り**。即時強制は、行政上の義務の不履行を前提とすることなく、ただちに国民の身体や財産に強制を加え、行政上必要な状態を作り出す作用である。

4　**誤り**。即時強制は、公権力の行使に当たる行為であり、これに不服のある者は、行政不服申立て又は行政訴訟の手続で救済を求めなければならない。通常の民事訴訟の手続により、その拘束の排除を求めることはできないと解されている。

5　**誤り**。即時強制に関する現行法の規定は、あいまいな不確定概念で定められ、包括的に実力行使の権限を承認しているのが通例である。行政庁の裁量に委ねられるところが大きい。

正答　1

行政罰①

NO.82 行政罰に関する記述として、妥当なのはどれか。

（東京都管理職試験出題）

1　行政罰は、行政上の義務違反に対し、特別権力関係における特別権力に基づき制裁として科せられる罰のことであり、その例として住民基本台帳法に定める届出を怠った者に対する過料があげられる。

2　行政罰は、過去の行政上の義務違反に対する制裁として科せられるだけでなく、将来にわたり義務の履行を強制することを目的とする行政上の強制執行の手段としても科せられる。

3　行政罰は、行政刑罰と行政上の秩序罰とに分けられるが、原則として行政刑罰は刑事訴訟法の定める手続によって科せられ、行政上の秩序罰は非訟事件手続法の定める手続によって科せられる。

4　行政罰は、法律による一般的な委任規定に基づいて科せられる罰であるが、刑事罰と異なり、罰の対象となる行為が反道義性及び反社会性を有しないことから刑法総則が適用されない。

5　行政罰は、過失は原則として罰しないこと、法人には犯罪能力を認めないこと及び違反行為者だけでなくその事業主も罰する両罰主義を採用していることを特色としている。

Key Point

「行政罰」は、行政上の義務違反に対し科せられる罰であり、行政刑罰と秩序罰に大別される。行政上の強制執行を補完する作用であると言える。

解説　行政罰とは、行政法上の義務違反に対し、一般統治権に基づき、制裁として科せられる罰の総称である。行政法上の義務の履行を担保し、行政法上の秩序を維持することが目的である(田中『新版行政法(上)』)。

行政罰	・形式的に、行政上の目的を侵害する非行者の行政法規の不遵守に対する罰 ・一般統治権に基づいて科せられる制裁 ・過去の行政法上の義務違反に対する制裁
刑事罰	・実質的に、法益を侵害する犯人の悪性に対する罰
懲戒罰	・特別権力に基づき、その秩序を維持するために、その秩序を紊(びん) 乱した者に科せられる制裁
執行罰	・将来にわたり、行政上の義務の履行を目的とする行政上の強制執行の手段の一種

1　**誤り**。行政罰は、行政法上の義務違反に対して、一般統治権に基づき、制裁として科す罰である。特別権力関係における特別権力に基づき、制裁として科せられるのは懲戒罰である。

2　**誤り**。将来にわたり行政上の義務の履行を強制することを目的とするのは、強制執行の一種である執行罰である。

3　**正しい**。行政刑罰は、刑事訴訟法の定める手続によって裁判所が科し、行政上の秩序罰は、非訟事件手続法の定める手続によって裁判所が科す。

4　**誤り**。行政罰である行政刑罰については、法令に特別の規定がある場合のほか、原則として刑法総則が適用される。

5　**誤り**。行政犯にあっては、必ずしも犯意を要件とせず、過失あるをもって足りる。また、一般に法人にも犯罪能力が認められている。

正答　3

行政罰②

NO.83 行政罰に関する記述として、妥当なのはどれか。

（東京都管理職試験出題）

1　行政刑罰は、行政上の義務違反に対して科せられるものであり、刑事罰とは異なり反社会的、反道義的性質を有しない行為に科せられるため、刑法総則の適用はなく、また行政庁が科すこととされている。

2　行政刑罰は、懲役、禁錮など刑法に刑名のある刑罰を科すものであり、刑法と同様に両罰規定を設けることはできず、違反行為者だけが罰せられ、また非訟事件手続法の定める手続により科せられる。

3　行政上の秩序罰は、行政上の秩序を維持するために罰金、過料などの財産刑を科すものであり、刑事訴訟法の定めるところにより、罰せられるべき者の住所地の地方裁判所において科せられる。

4　行政上の秩序罰は、行政上の義務違反の程度が比較的軽い行為に対して科せられるものであり、例として、国税犯則取締法に基づく通告処分、交通事件即決裁判手続法に基づく即決裁判の制度などによるものがあげられる。

5　行政上の秩序罰には、地方自治法に定める過料があり、これは地方公共団体の長が条例又は規則違反に対して科すものであって、過料が期限までに納入されないときは地方税の滞納処分の例により処分することができる。

Key Point

「行政刑罰」は、行政上の義務違反に科される刑法９条に刑名のある刑罰であり、刑事訴訟法の定めによって科刑する。

「秩序罰」は、行政上の義務違反であるが、形式的なもので軽微な違反行為に対して過料という制裁を科すことをいう。

解説 行政罰は、行政刑罰と行政上の秩序罰とに分けられる。

①行政刑罰

行政上の義務違反に対し科される刑法9条に刑名のある刑罰(死刑、懲役、禁錮、罰金、拘留、科料)。原則として刑法総則が適用され、刑事訴訟法の手続に従い、通常、裁判所において科せられる。刑罰と異なり、法人の犯罪能力を認め、両罰主義をとる場合が多い。

②行政上の秩序罰

行政上の秩序を維持するための罰の一種として過料を科するもの。刑罰ではないので刑法総則、刑事訴訟法の適用はない。

国の法律に基づく過料	原則として非訟事件手続法の定めにより、過料に処せられるべき者の住所地の地方裁判所において科する。
条例・規則違反に対し科される過料	違反者に対して地方公共団体の長が行政処分として科する(地方自治法14条3項、15条2項)。

1 **誤り**。原則として刑法総則が適用され、刑事訴訟法の手続に従い、裁判所において科せられる。

2 **誤り**。前半部分は正しい。両罰規定を設けて違反行為者だけでなく、その使用者や事業主もあわせて処罰することができる。

3 **誤り**。行政上の秩序を維持するための罰の一種として過料を科すものである。法令に基づく過料は、非訟事件手続法による。

4 **誤り**。前半部分は正しい。行政上の秩序罰は、行政上の秩序に障害を及ぼす危険がある場合に科せられる。例として挙げられている通告処分や即決裁判の制度は、行政刑罰の例である。

5 **正しい**。地方自治法上の過料に関する記述である。

正答 5

行政罰③

NO.84 行政罰に関する記述として、妥当なのは次のどれか。

（東京都管理職試験出題）

1　行政罰は、行政上の義務の懈怠に対し制裁を行うことを目的とするものであり、行政刑罰、行政上の秩序罰のほかに執行罰があり、いずれも過去の行為に対する制裁を科すという点で共通項を有する。

2　行政上の秩序罰は、行政上の秩序に障害を与える危険がある義務違反に対して科される罰であり、例として納税義務者が申告、納付等の法律上の義務を果たさない場合に課される加算税の制度がある。

3　行政刑罰は、行政上の義務違反に対し刑法に刑名のある刑罰を科すものであり、原則として刑事訴訟法の適用があるが、行政上の秩序罰は、刑法上の罰ではないので刑事訴訟法の適用はない。

4　行政刑罰は、行政上の義務の不履行に対する制裁として科すものであり、不履行の成立のためには、明確な犯意としての故意が必要であり、単なる過失による不履行に対して科されることはない。

5　行政上の秩序罰と行政刑罰は、目的、要件及び実現の手続を異にし、必ずしも二者択一の関係にあるものではないが、二重処罰の禁止から併科することは認められないと解すべきであると、最高裁判所は判示した。

Key Point

刑法典に刑名のある罰を科する行政刑罰と、刑法典に刑名のない過料を科する秩序罰とがあり、その違いを理解する必要がある。

解説 行政罰は、行政法上の義務の違反者に対し、一般統治権に基づいて、その制裁として科する罰をいい、刑法典に刑名がある刑罰を科する行政刑罰と、刑法典に刑名のない過料を科する秩序罰との二種に区別することができる。

行政罰の一つである**行政刑罰は、法令に特別の定めがある場合のほかは、刑法総則が適用**され、その処罰の手続も刑事訴訟法の定めのところによる。これに対し、**秩序罰としての過料は、刑法総則の適用は一般になく、手続も刑事訴訟法によるものではない**。非訟事件手続法に従い裁判所が科すものである。

1 **誤り**。行政罰には、行政刑罰と秩序罰がある。一般権力関係における制度である。行政罰は、過去の義務違反に対する制裁であり、これに対し執行罰は、将来に向かって義務の実現を図ろうとする強制執行の手段である。

2 **誤り**。加算税の制度は、行政罰とは異なり、納税義務違反の発生を防止し、もって納税の実をあげるための一種の行政措置としての性質を持つものと解されている(最判昭33.4.30)。

3 **正しい**。秩序罰としての過料については、法令に基づく過料の場合、非訟事件手続法に従い裁判所が科す。地方自治体の規則違反に対し科される過料は、地方公共団体の長が行政行為の形式で科す。

4 **誤り**。行政犯には、必ずしも犯意を要件とせず、過失あるをもって足りるものと解されている。

5 **誤り**。行政上の秩序罰と行政刑罰は、必ずしも二者択一の関係にあるものではないことを理由に、併科しても憲法第39条に反しないとしている(最判昭39.6.5)。

正答 3

行政罰と執行罰

NO.85 行政罰と執行罰とに関する記述として、妥当なのはどれか。 **(東京都管理職試験出題)**

1　行政罰は、行政法上の義務違反という過去の非行に科せられる制裁であるのに対し、執行罰は、行政法上の義務の不履行のあった場合に将来にわたって義務の履行を強制するための強制執行手段の一種である。

2　行政罰は、一般統治権に基づいて一般的権力関係に服する者に科せられる制裁であるのに対し、執行罰は、特別権力関係においてその秩序を乱した者に特別権力の発動として科せられる制裁である。

3　行政罰は、行政法上の不作為義務又は非代替的作為義務の履行のない場合に科せられる制裁であるのに対し、執行罰は、代替的作為義務の履行のない場合にその義務の履行を強制するために科せられる罰である。

4　行政罰は、行政目的を実現するために人の身体又は財産に実力を加え、それによって行政上必要な状態を実現する作用であるのに対し、執行罰は、行政法規によって維持される社会法益を侵害した場合に科せられる罰である。

5　行政罰は、行政上の秩序に違反し間接に行政目的の達成に障害を招く危険を生じた場合に科せられる制裁であるのに対し、執行罰は、直接に行政目的を侵害し社会法益に実質的侵害を加えた場合に科せられる罰である。

Key Point

「行政罰」は、過去の義務違反に対する制裁である。
「執行罰」は、強制執行の一種であり、間接強制とも呼ばれ、将来に向かって義務の実現を図ろうとするものである。

解説 **①行政罰**

行政上の過去の義務違反に対し、一般統治権に基づき、制裁として科される罰である。行政刑罰と行政上の秩序罰に大別される。

②執行罰

他人が代わって履行できない義務（不作為義務、非代替的作為義務）の履行がない場合に、その履行を強制するために科する罰を執行罰という。間接強制とも呼ばれ、一定の期間内に義務の履行がないときは、一定の過料に処すべき旨を予告し、その予告によって心理上の圧迫を加え、義務者に自らその義務を履行させることを目的とする（田中『新版行政法（上）』）。

1　**正しい**。行政罰は過去の義務違反に対して科せられ、執行罰は将来に向かっての義務の実現を図る強制執行の一つである。

2　**誤り**。前半部分は正しい。特別権力関係において、その秩序を乱した者に特別権力の発動として科せられる制裁は、懲戒罰である。

3　**誤り**。行政法上の不作為義務又は非代替的作為義務の履行のない場合に科せられる制裁は、執行罰である。また、代替的作為義務の履行のない場合に、その義務の履行を強制するために科せられる罰は行政罰である。

4　**誤り**。行政目的を実現するために人の身体又は財産に実力を加え、それによって行政上必要な状態を実現するのは、行政上の強制執行の一種である直接強制である。また、後半部分は行政罰の説明である。

5　**誤り**。間接的に行政目的の達成に障害を招く危険を生じる軽微な違反行為の場合に科せられる制裁は、秩序罰たる過料である。後半部分は、行政罰の説明である（田中『新版行政法（上）』）。

正答　1

行政罰と強制執行

NO.86 行政上の強制執行又は行政罰に関する記述として、妥当なのはどれか。 **（東京都主任試験出題）**

1　代執行は、行政上の金銭給付義務の不履行があった場合に、義務者の財産に実力を加えて、義務が履行されたのと同一の状態を実現する作用をいう。

2　直接強制は、行政上の代替的作為義務の不履行があった場合に、行政庁自らが義務者のなすべき行為をなし、その費用を義務者から徴収する作用をいう。

3　強制徴収は、一定の期間内に義務を履行しない場合に、過料を科すことを通告し、義務者を心理的に圧迫して義務の履行を促す作用をいう。

4　行政上の秩序罰は、行政上の義務違反のうち軽微なものに科される金銭罰であり、例として住民基本台帳法の届出義務違反に対する過料がある。

5　行政刑罰は、行政上の義務違反のうち特に反道義性・反社会性を有しているとして刑罰が科されるものであり、処罰手続はすべて刑事訴訟手続による。

Key Point

行政上の義務の違反者に対し制裁を行う行政罰と、行政上の義務の不履行に対し行政主体が実力をもって履行があったのと同じ状態にする強制執行について問う問題である。行政罰には、行政刑罰と秩序罰の２種がある。また、強制執行には、代執行、執行罰、直接強制、強制徴収の４種がある。

行政上の強制執行とは、行政上の義務の不履行に対して、行政主体が将来に向って実力をもってその義務を履行させ、履行があったと同じ状態を実現する作用をいう。義務の存在及びその不履行を前提とする点で、これらを前提としない行政上の即時強制と区別される。また、行政独自の判断と手段によって行われる点で、債務名義による国権発動を求めねばならない民事訴訟と区別される。強制執行は、①代執行、②執行罰、③直接強制、④強制徴収の４種がある。

①代執行……強制執行の一種で、法令又は行政処分に基づく公法上の代替的作為義務に関し、義務者がこれを履行しない場合、行政庁が自らの義務者のなすべき行為をなし、又は第三者をしてこれをなさしめ、その費用を義務者から徴収することをいう。

②執行罰……非代替的作為義務又は不作為義務の履行がない場合に、その義務者に心理的圧迫を加え、義務の履行を将来に対して間接的に強制するために科する金銭罰をいう。

③直接強制……強制執行の一種で、直接に義務者の身体又は財産に実力を加えて、義務が履行されたのと同一の状態を実現する作用をいい、義務の代替制の有無、作為・不作為を問わないでなしうる。

④強制徴収……行政上の金銭給付義務の不履行があった場合に、義務者の財産に実力を加えて、義務が履行されたのと同一の状態を実現する作用をいう。

行政罰とは、行政上の業務の懈怠に対し、一般統治権に基づいて、その制裁として科する罰をいう。行政刑罰と秩序罰の２種がある。

1　**誤り**。代執行についてではなく、強制徴収の説明である。

2　**誤り**。直接強制についてではなく、代執行の説明である。

3　**誤り**。強制徴収についてではなく、執行罰の説明である。

4　**正しい**。

5　**誤り**。特に反動義性・反社会性を有しているから、というわけではない。

正答　4

行政刑罰①

NO.87 行政刑罰に関する記述として、妥当なのはどれか。

（東京都管理職試験出題）

1　行政刑罰は、行政上の義務違反に対し科される罰で、拘留、過料などがあり、原則として裁判所が刑事訴訟法の定めに従って科刑するが、両罰規定を設けることはできない。

2　行政刑罰は、行政上の義務違反に対し科される罰で、懲役、禁錮、罰金などがあり、原則として裁判所が行政事件訴訟法の定めに従って科刑するが、両罰規定を設けることはできない。

3　行政刑罰は、行政上の義務違反に対し科される罰で、懲役、禁錮、罰金などがあり、原則として裁判所が刑事訴訟法の定めに従って科刑し、また罪刑法定主義が適用される。

4　行政刑罰は、不作為義務の履行がない場合にその履行を強制するために科される罰で、拘留、過料などがあり、原則として裁判所が行政事件訴訟法の定めに従って科刑し、また罪刑法定主義が適用される。

5　行政刑罰は、不作為義務の履行がない場合にその履行を強制するために科される罰で、拘留、過料などがあり、原則として裁判所が刑事訴訟法の定めに従って科刑するが、両罰規定を設けることはできない。

Key Point

「行政刑罰」は、原則として刑法総則が適用され、刑事訴訟法の手続に従い、通常、裁判所において科せられるものである。

行政刑罰は、行政法上の義務違反に対し、一般統治権に基づき、制裁として科される罰（**行政罰の一種**）であり、**刑法９条に刑名のある刑罰（死刑、懲役、禁錮、罰金、拘留、科料）を科するもの**をいう。法令に特別の規定がある場合のほかは、刑法総則が適用され、刑事訴訟法の手続に従い、裁判所において科せられる。

通常の刑事罰とは異なり、法人も処罰対象とされたり、違反者だけでなく、その使用者や事業主にも科刑される両罰規定をとる場合がある。

行政上の制裁措置

1　**誤り**。過料は、行政上の秩序を維持するための秩序罰である。また、両罰規定を設けることは可能である。

2　**誤り**。原則として、裁判所が刑事訴訟法の定めに従って科刑する。

3　**正しい**。行政罰も一種の罰であるから、これを科するためには、常に法律の根拠がなければならない。なお、「法律なければ刑罰なし」の原則（罪刑法定主義）は、刑事罰に限らず、行政罰にも等しく妥当する（田中『新版行政法（上）』）。

4　**誤り**。不作為義務の履行がない場合に、その履行を強制するために科されるのは執行罰であり、行政庁が一定の過料に処すべきことを予告するものである。また、原則として裁判所が刑事訴訟法の定めに従って科刑する。

5　**誤り**。不作為義務の履行がない場合に、その履行を強制するために科されるのは、執行罰である。また、両罰規定を設けることは可能である。

正答　3

行政刑罰②

NO.88　行政法学上の行政刑罰に関する記述として、判例、通説に照らして、妥当なのはどれか。　**(特別区管理職試験出題)**

1　行政刑罰は、過去の義務違反に対する制裁としてだけではなく、将来に向かって義務の実現を図るためにも科せられる処罰であり、義務の不履行がある場合には、同一事実に対して目的を達するまで繰り返し科することができる。

2　行政刑罰は、行政上の義務違反に対して科される刑罰であるから、罪刑法定主義の見地から法律の根拠が必要であり、地方自治体の条例において定めることはできない。

3　行政刑罰は、行政法上の目的を侵害する非行者の行政法規の不遵守に対する罰であり、責任の主体は自然人に限られ、違反行為者でない使用者や法定代理者が科刑されることはあるが、法人が事業主として処罰されることはない。

4　最高裁判所の判例では、国税犯則取締法に基づく通告処分は、刑事訴訟法の定める手続による行政刑罰であるから、検察官は犯則者がこの通告を履行した場合でも公訴を提起することができ、当該処分に不服のある者は抗告訴訟を提起することができるとした。

5　最高裁判所の判例では、税の滞納に対する加算税は納税義務違反を防止し納税の実効をあげる目的で徴収されるのに対し、脱税犯に対する罰金は脱税という不正行為の反社会性ないし反道徳性に着目して科される制裁であり、両者は趣旨を異にするから同一人に併科することは憲法に違反しないとした。

Key Point

「行政刑罰」は、行政犯に対して主として取締りの見地から科されるものであり、「刑事罰」は、刑事犯に対して道義責任の追及のため、ないし犯人の教育のために科されるものである。

行政刑罰は、行政上の義務違反に対して科される罰（行政罰の一種）である。刑法９条に刑名のある刑罰（死刑、懲役、禁錮、罰金、拘留、科料）を科するものをいう。原則として刑法総則が適用され、刑事訴訟法の手続に従い、通常、裁判所において科せられる。

また、行政刑罰は、**行政上の義務違反に対して主として取締りの見地から科される**ものであり、刑事罰のようにそれ自体が反社会的、反道義的性質である行為に対して、道義責任の追及のために科されるものではない。違反行為者だけでなく、その使用者や事業主にも科刑される**（両罰規定）**ことがある。

1　**誤り**。行政刑罰は、過去の義務違反に対する制裁として科される罰。後半部分は、執行罰の説明。

2　**誤り**。条例により刑罰を定めることができる（地方自治法第14条３項）。

3　**誤り**。違反行為者だけでなく、帰属主体の法人も併せて処罰する両罰規定あり。

4　**誤り**。（通告に反し金員を納付しない場合に刑事手続に移行することを理由として、それら通告処分などに対して不服がある場合においても、処分の取消訴訟ではなく、刑事手続で無罪を主張すべき。国税犯則取締法に基づく通告処分制度：最判昭48.3.15道路交通法の交通反則金：最判昭57.7.15）相手側が通告の旨を履行した場合は、公訴を提起されない。

5　**正しい**。（最判昭33.4.30）

正答　5

行政上の秩序罰①

NO.89 行政上の秩序罰に関する記述として、妥当なのはどれか。

（特別区管理職試験出題）

1　秩序罰は、行政法規に違反した行為が直接的に社会法益を侵害した場合に科せられる。

2　秩序罰は、行政法規に違反した行為者だけでなく、その使用者や事業主に対しても科せられる。

3　秩序罰は、他の法令に別段の定めがある場合を除くほか、非訟事件手続法の定めるところにより、処罰を受けるべき者の住所地の地方裁判所において科せられる。

4　地方公共団体の長は、条例に基づいて秩序罰を科すことができるが、規則に基づいて秩序罰を科すことができない。

5　地方公共団体の長により秩序罰の処分を受けた者は、その処分に不服があるときは、不服申立てを提起することができるが、行政事件訴訟を提起することができない。

Key Point

「秩序罰」は、行政上の義務違反であるが、形式的なもので直接的に社会的法益を侵害し民衆の生活に悪影響をもたらさない軽微な違反行為に対して、過料という制裁を科す、という基本的な性格を理解しておく必要がある。

秩序罰は、行政上の義務違反であるが、形式的なもので直接的に社会的法益を侵害しない**軽微な違反行為**(届出、登録、通知などの手続を怠るなど) に対して、過料という制裁を科すことをいう。

例えば、住民基本台帳法は、同法に定める届出義務違反に対して過料を科している。また、地方公共団体も条例や規則の定めるところにより過料を科している。

なお、過料は刑法上の罰ではないので、刑法総則、刑事訴訟法の適用はない。

1　**誤り**。秩序罰は、直接的に社会法益を侵害しない軽微な形式的違反行為について科せられる。

2　**誤り**。秩序罰は、行政法規に違反した行為者に科せられる。両罰規定は、行政刑罰において適用されることがある。

3　**正しい**。法令に基づく過料は、非訟事件手続法の定めに従い、過料に処せられるべき者の住所地の地方裁判所がこれを科する。

4　**誤り**。地方公共団体の長は、条例及び規則に基づき過料を科すことができる。

5　**誤り**。地方公共団体の長により秩序罰の処分を受けた者が、行政事件訴訟を提起することができないという明文の規定はない。

正答　3

行政上の秩序罰②

NO.90 行政上の秩序罰に関する記述として、通説に照らして、妥当なのはどれか。　**(特別区管理職試験出題)**

1　秩序罰は、行政上の秩序を害する行為に対して科される罰であり、法律違反に対しては、原則として国の行政機関の長が科す。

2　秩序罰には、地方自治法の規定に基づき地方公共団体の条例又は規則違反に対して科される過料があり、原則として地方公共団体の長がこれを科し、過料の処分を受けた者は、不服申立てや行政事件訴訟を提起することができる。

3　秩序罰は、行政上の義務違反の程度が軽い行為に対して簡略な手続により罰金や科料などを科すものであり、その例として、交通事件即決裁判手続法に基づく即決裁判手続が挙げられる。

4　秩序罰は、法令に特別の定めのない限り、非訟事件手続法の定める手続により、過料に処せられるべき者の住所地の簡易裁判所において科せられる。

5　秩序罰には、刑法総則の適用があるので、これを科すためには法律の根拠とともに故意又は過失という主観的要件が要求される。

Key Point

法令に基づく「過料」は、非訟事件手続法の定めに従い裁判所がこれを科し、地方自治体の規則違反に対し科される「過料」は、地方公共団体の長が行政行為の形式でこれを科すものである。

秩序罰は、行政上の秩序に障害を与える危険がある義務違反に対して科される罰である。過料は刑法上の罰ではないので、刑法総則、刑事訴訟法の適用はない。

法令に基づく過料は、非訟事件手続法の定めに従い、過料に処せられるべき者の住所地の地方裁判所がこれを科する。

これに対し、地方自治体の規則違反に対し科される過料は、地方公共団体の長が行政行為の形式でこれを科し、地方税の滞納処分の例により強制徴収することとされている（地方自治法第231条の３）。

なお、行政上の秩序罰と行政刑罰は、制度上は明確な区別があり、**過料と行政刑罰は併科が可能**であるとされている。

1　**誤り**。国の行政機関の長ではなく、裁判所が科す。

2　**正しい**。

3　**誤り**。罰金や科料は行政刑罰で科されるものである。

4　**誤り**。簡易裁判所ではなく地方裁判所である（非訟事件手続法第119条以下参照）。

5　**誤り**。秩序罰には刑法総則の適用はない。

正答　2

義務違反に対する制裁

NO.91 行政上の義務違反に対する制裁に関する記述として、判例、通説に照らして妥当なのはどれか。

（特別区管理職試験出題）

1　公務員の勤務関係をはじめ、特別権力関係としてとらえられる職務上の義務違反に対する制裁は、その秩序維持のために、行政罰の一種である執行罰として科せられる。

2　地方公共団体の規則に基づく義務の違反については、一定の限度で過料を科すことができ、原則として非訟事件手続法の定める手続により、裁判所の裁判をもって科せられる。

3　関税に関する通告処分の相手方は、通告処分に従うか、通告処分に従わないで刑事告発・刑事訴追を受けて立つかの選択を、自らの意思によって行うことができる。

4　道路交通法の反則行為をしたと認められる者に対して、警察官は反則行為となるべき事実の趣旨、反則行為の種別等を告知し、当該告知を受けた者に対して、都道府県知事は反則金の納付を通告する。

5　同一の脱税行為に対して、税の滞納に対する加算税と脱税犯に対する罰金とを同一人に併科することは、憲法に規定する二重処罰の禁止及び一事不再理に抵触し、違憲である。

Key Point

行政上の義務の懈怠に対し、制裁を行う行政罰について問う問題である。行政罰には、その制裁が刑法典上の刑名による行政刑罰と、違法行為に対し刑法上の刑罰ではなく、過料を科す秩序罰とがある。

解説　行政罰の特色として3点ある。
①行政上の義務違反に対し、もっぱら取締りの見地から科されること（反社会的･反道徳的行為に対する道義的責任追求である刑事罰と区別）
②過去の義務違反に対する制裁（将来に向かって義務の実現を図る執行罰と区別）
③一般権力関係における制度であること（特別権力関係における懲戒罰と区別）

行政刑罰は、刑法に刑名がある刑罰を科するものであるため、法令に特別の定めがある場合のほかは、刑法総則が適用され、手続も刑事訴訟法の定めのところによる。ただし、事案の特殊性から、関税法に定める通告処分手続、道路交通法に定める反則金制度等のような簡略手続もある。なお、これらの措置に不服のある者は、刑事訴訟手続に移行できる。

秩序罰としての過料については、法令に基づく過料の場合、非訟事件手続法に従い裁判所がこれを科す。地方自治体の規則違反に対し科される過料は、地方公共団体の長が行政行為の形式で科す。

1　**誤り**。行政罰は、一般権力関係における制度である。公務員の勤務関係など、特別権力関係における職務上の義務違反に対する制裁は懲戒罰である。
2　**誤り**。規則違反に科される過料は、地方公共団体の長が行政行為の形式で科し、地方税の滞納処分の例により強制徴収する。
3　**正しい**。通告処分の相手方は、通告通りの罰金又は過料に相当する金額を納付するか、刑事裁判を受けるか任意に選択できる。
4　**誤り**。道路交通法第126条、127条によれば、反則金納付を通告するのは警察本部長である。
5　**誤り**。秩序罰と行政刑罰は制度上、明確な区別がある。過料と行政刑罰は、併科が可能である（最判昭39.6.5）。

正答　3

公権力の行使に基づく損害賠償①

NO.92　国家賠償法に関するＡ～Ｄの記述のうち、最高裁判所の判例に照らして、妥当なものを選んだ組合せはどれか。

（特別区管理職試験出題）

Ａ　税務署長が収入金額を確定申告の額より増額しながら必要経費の額を確定申告の額のままとして所得税の更正をしたため、所得金額を過大に認定する結果となった場合、確定申告の必要経費の額を上回る金額を具体的に把握し得る客観的資料がなく、納税義務者が税務署長の行う調査に協力しないなどのために、その結果が生じたとしても、その更正につき国家賠償法にいう違法性があるとした。

Ｂ　学校の教師は、学校における教育活動により生ずるおそれのある危険から生徒を保護すべき義務を負っているため、体育の授業においてプールでの飛び込みなどの危険を伴う技術を指導する場合には、事故の発生を防止するために十分な措置を講じるべき注意義務があり、国家賠償法にいう公権力の行使には、公立学校における教師の教育活動も含まれるものと解するのが相当であるとした。

Ｃ　非番の巡査が、主観的に権限行使の意思をもってする場合に限らず、自己の利をはかる意図をもってする場合でも、客観的に職務執行の外形をそなえる行為をして、これによって、他人に損害を加えた場合には、国又は公共団体に損害賠償の責を負わしめて、ひろく国民の権益を擁護することをもって、国家賠償法の立法の趣旨とするものと解すべきであるとした。

Ｄ　在宅投票制度は、在宅選挙人に対し投票の機会を保障するための憲法上必須の制度であり、これを廃止して復活しない本件立法行為は、在宅選挙人の選挙権の行使を妨げる国会議員による国家賠償法にいう違法な公権力の行使であり、国会議員は、立法に関して、国民全体に対する関係で政治的責任を負うにとどまらず、個別の国民の権利に対応した関係での法的義務を負うとした。

1　Ａ　Ｂ　　2　Ａ　Ｃ　　3　Ａ　Ｄ
4　Ｂ　Ｃ　　5　Ｂ　Ｄ

Key Point

国家賠償法に定める公権力の行使に基づく損害賠償の意義や要件を問う問題である。国又は公共団体がどのような要件で賠償責任を負うのか、正しく理解する必要がある。

解説 公権力の行使たる作用に基づく損害については、国家賠償法第１条による。国家賠償法第１条による賠償責任は、**①その行為が公権力の行使にあたる公務員の行為であること、②当該公務員がその職務を行うについて損害を与えたものであること、③公務員に故意又は過失があること、④違法に損害を加えたこと、⑤加害行為により損害が生じたこと**、を要件として発生する。

A **誤り**。職務上通常尽くすべき注意義務を尽くすことなく漫然と更正したと認め得るような事情がある場合に限り、違法があったとの評価を受けるものとされている（最判平5.3.11）。

B **正しい**。「公権力の行使」には、公立学校における教師の教育活動も含まれる（最判昭62.2.6）。

C **正しい**。客観的にみて職務行為の外形を備えている行為であればよく、公務員の主観的意図は問わない。非番中の警察官が制服、制帽着用のうえ、川崎駅前で職務質問を装い、所持品を奪おうとして騒がれ射殺した事件において、最高裁は都の責任を認めた（最判昭31.11.30）。

D **誤り**。国会議員の立法行為は、立法の内容が憲法の一義的な文言に違反しているにもかかわらずあえて当該立法を行うというごとき例外的な場合でない限り、国家賠償法第１条１項の適用上、違法の評価を受けるものではなく、本件立法行為は違法ではないとされた。国会議員は、立法に関しては、原則として、国民全体に対する関係で政治的責任を負うにとどまり、個別の国民の権利に対応した関係での法的義務を負うものではないとしている（最判昭60.11.21）。

正答 4

公権力の行使に基づく損害賠償②

NO.93 国家賠償法に定める公権力の行使に基づく損害賠償に関する記述として、妥当なのはどれか。

（東京都管理職試験出題）

1　公権力の行使には、行政権に属する作用だけが該当し、立法権又は司法権に属する作用は含まれないと解されており、最高裁判所も、裁判に国家賠償法の適用を認めなかった。

2　公権力の行使は、国又は地方公共団体が国民に対し命令強制する本来的な権力的行政作用に限られると解されており、最高裁判所も、公立中学校での教師の教育活動は、公権力の行使に含まれないと判示した。

3　公権力の行使は、国家公務員又は地方公共団体が行った行為に限定され、公務員法上の公務員ではないが権力的な行政の権能を委託された者がその権限を行使した場合は含まれない。

4　国又は地方公共団体は、国家賠償法に基づく損害賠償を行った場合、公務員に故意又は重大な過失があったときは、当該公務員に対して求償権を行使することができるが、軽過失のときに求償権を行使することは認められない。

5　国又は地方公共団体が、公権力の行使にあたる公務員の選任や公権力行使の監督に際し、使用者として相当の注意をした場合には、国家賠償法に基づく損害賠償請求を免れることができる。

Key Point

「公権力の行使」とは何か、「公務員の故意又は過失」の要件、「国又は地方公共団体の選任・監督の責任」の内容については繰り返し出題される項目である。

国又は公共団体が公務員に求償できるのは、公務員に故意又は重過失があった場合に限られる。その理由は、軽過失の場合まで求償を認めると、公務員の遂行が消極的になり、事務執行が停滞するおそれがあるからである。

1　**誤り**。公権力には行政権だけではなく、立法権や司法権も含まれる。すなわち、国会の立法行為や裁判所の判決にも国家賠償法第１条は適用される（最判昭57.3.12、最判昭60.11.21）。

2　**誤り**。判例では、行政行為や強制執行などの国民に対し命令強制する権力的作用に限らず、行政指導、行政計画、国公立学校の教育活動などの非権力作用（純然たる私経済作用を除く）も含むとしている（最判昭62.2.6）。

3　**誤り**。国家公務員、地方公務員に限らず、民間人であっても権力的な行政権限を委ねられた者は、国家賠償法上の公務員に含まれる。

4　**正しい**。

5　**誤り**。民法の使用者責任と異なり、国家賠償法第１条には、このような免責規定はない。

正答　4

損害賠償制度①

NO.94　国家賠償法に関するＡ～Ｄの記述のうち、通説、判例に照らして、妥当なものを選んだ組合せはどれか。

（特別区管理職試験出題）

Ａ　規制権限の不行使に起因する損害についての国、公共団体の賠償責任の問題に関しては、規制権限の行使が義務付けされておらず、その権限を行使するかどうかについての裁量は行政庁に与えられているため、その不行使が国家賠償法の適用上違法となることは一切ない。

Ｂ　国家賠償法に規定する営造物の設置管理についての賠償責任は、営造物の設置管理に瑕疵があった場合に認められ、瑕疵とは営造物が通常有すべき安全性を欠いていることをいい、営造物管理責任は無過失責任であるものの、営造物の設置管理者は、当該営造物が通常有すべき安全性を具備するようにしなければならないが、異常な用法に起因する損害についてまで賠償する必要はない。

Ｃ　最高裁判所の判例では、市町村が設置する中学校の教諭がその職務を行うについて故意又は過失によって違法に生徒に損害を与えた場合、当該教諭の給料その他の給与を負担する都道府県が国家賠償法に従い当該生徒に対して損害を賠償したときは、当該都道府県は、賠償した損害の全額を当該中学校を設置する市町村に対して求償することができるとした。

Ｄ　最高裁判所の判例では、一般国道43号の周辺住民からその供用の差止めが求められた場合に差止請求を認容すべき違法性があるかどうかを判断するにつき考慮すべき要素は、周辺住民から損害の賠償が求められた場合に賠償請求を認容すべき違法性があるかどうかを判断するにつき考慮すべき要素と共通するものであり、違法性の判断において、各要素の重要性をどの程度のものとして考慮するかに相違があってはならないとした。

1　Ａ　Ｂ　　2　Ａ　Ｃ　　3　Ａ　Ｄ
4　Ｂ　Ｃ　　5　Ｂ　Ｄ

Key Point

国家賠償法に定める公権力の行使に基づく損害賠償及び公の営造物の設置又は管理の瑕疵に基づく損害賠償について問う問題である。要件、賠償の責を負う者について正しく理解すること。

国家賠償法第３条１項は、管理者と費用負担者のいずれに対しても損害賠償請求を行うことを認めている。

行政処分等に関する補償

A　**誤り**。権限不行使の違法が認められる具体的な要件を明らかにする必要があるが、判例では、行政権限の不行使によって損害が生じた場合でも賠償責任を負うとしている（最判昭57.1.19）。

B　**正しい**。異常な用法に起因する損害についてまで賠償する必要はない。

C　**正しい**。判例は、市町村が設置する中学校の経費については原則として当該市町村が負担すべきとされていること（学校教育法第５条、地方財政法第９条）と、市町村立学校職員の給与についてのみ都道府県の負担を定めていること（市町村立学校職員給与負担法第１条）を指摘して、市への全額求償を認めている（最判平21.10.23）。

D　**誤り**。判例は、両要素はほぼ共通するが、施設の供用の差止めと金銭による賠償という請求内容の相違に対応して、違法性の判断において各要素の重要性をどの程度のものとして考慮するかには相違があるとしている（最判平7.7.7）。

正答　4

損害賠償制度②

NO.95　国家賠償法に関する記述として、通説に照らして、妥当なのはどれか。　**(特別区管理職試験出題)**

1　国家賠償法は、国又は公共団体の公権力の行使に基づく損害賠償責任を規定しており、その責任の性質については、国又は公共団体自身が公権力の行使による危険の発現に直接に責任を負うとする代位責任説が採用されている。

2　国家賠償法における公権力の行使とは、国又は公共団体がその権限に基づく統治作用としての優越的意思の発動として行う権力作用に限られ、国又は公共団体の非権力的作用は一切含まれない。

3　国会議員の立法行為又は立法不作為は、国家賠償法の規定の適用上、違法の評価を受ける場合があるが、裁判官の裁判については、国家賠償法はいかなる場合も適用されることはない。

4　国又は公共団体は、公の営造物の管理の瑕疵により他人に損害を生じ、これを賠償する責に任ずる場合において、他に損害の原因について責に任ずべき者があるときであっても、この者に対して求償権を有しない。

5　公の営造物の管理の瑕疵により他人に損害を生じ、国又は公共団体がこれを賠償する責に任ずる場合において、その管理に当たる者と管理の費用を負担する者とが異なるときは、費用を負担する者もその損害を賠償する責に任ずる。

Key Point

国家賠償法に定める「公権力の行使」とは何か、賠償責任を負う者については、繰り返し出題される問題である。

「公権力の行使」については、国又は公共団体の作用のうち、純粋な私経済作用と国家賠償法第２条の対象である営造物の設置管理作用を除いた全ての作用が公権力に含まれるとするのが通説である。

1　**誤り**。自己責任説についての説明。代位責任説とは、不法行為責任は第一次的には公務員個人に帰属するが、それを国又は公共団体が代位するという考え方である。

2　**誤り**。「公権力の行使」の意義について、通説・判例は権力作用だけでなく、行政指導のような非権力作用を含めて広く解する立場をおおむね支持している。

3　**誤り**。公権力には司法権も含まれる。すなわち裁判官の裁判にも国家賠償法第１条は適用される（最判昭57.3.12）。

4　**誤り**。他に損害の原因について責に任ずべき者があるときは、国又は公共団体はこれに対して求償することができる（法第２条２項）。

5　**正しい**。（法第３条１項）

正答　5

損害賠償制度③

NO.96　国家賠償法に関するＡ～Ｄの記述のうち、最高裁判所の判例に照らして、妥当なものを選んだ組合せはどれか。

（特別区管理職試験出題）

Ａ　検察官の公訴の提起は、検察官が裁判所に対して犯罪の成否、刑罰権の存否につき審判を求める意思表示にほかならないのであり、起訴時あるいは公訴追行時における各種の証拠資料を総合勘案して合理的な判断過程により有罪と認められる嫌疑があれば足りるものと解するのが相当であるから、刑事事件において無罪の判決が確定したというだけで直ちに起訴前後の勾留が違法となるということはないとした。

Ｂ　警察官のパトカーによる追跡を受けて車両で逃走する者が惹起した事故により第三者が損害を被った場合において、当該追跡行為が国家賠償法の適用上違法であるというためには、追跡が現行犯逮捕等の職務の目的を遂行する上で不必要であるか、又は逃走車両の走行の態様等から予測される被害発生の具体的危険性の有無・内容に照らして追跡の開始、継続若しくは方法が不相当であることを要するとした。

Ｃ　郵便法の規定のうち、書留郵便物について、郵便業務従事者の故意又は重大な過失により損害が生じた場合に、不法行為に基づく国の損害賠償責任を免除し又は制限している部分は、憲法に違反するが、特別送達郵便物について、郵便業務従事者の故意又は過失により損害が生じた場合に、国の損害賠償責任を免除し又は制限している部分は、憲法に違反しないとした。

Ｄ　通商産業大臣は、じん肺法成立の時までに、石炭鉱山において鉱山保安法に基づく省令改正等の保安規制の権限を行使したとしても、炭鉱労働者のじん肺の被害拡大を防ぐことができたといえず、保安規制の権限を直ちに行使しなかったことは、保安措置の内容が多岐にわたる専門的、技術的事項であるため、その趣旨、目的に照らし、著しく合理性を欠くものではなく、国家賠償法の適用上、違法とはいえないとした。

1　Ａ　Ｂ　　2　Ａ　Ｃ　　3　Ａ　Ｄ
4　Ｂ　Ｃ　　5　Ｂ　Ｄ

Key Point

国家賠償法に関しては、いくつかの判例があるため、主要なものは、その裁判で何が問われ、どのように判示されたかを十分に理解しておく必要がある。

解説　国家賠償法全般に関する判例の問題である。

A　**正しい**。（最判昭 53.10.20）

B　**正しい**。（最判昭 61.2.27）

C　**誤り**。判例では、特別送達郵便物について、郵便の業務に従事する者の故意又は過失によって損害が生じた場合に、国家賠償法に基づく国の損害賠償責任を免除し、又は制限している部分は、憲法第 17 条に違反するとしている（最判平 14.9.11）。

D　**誤り**。判例では、通商産業大臣は、じん肺法成立の時までに、石炭鉱山において保安規制の権限（省令改正権限等）を適切に行使していれば、それ以降の炭坑労働者のじん肺の被害拡大を相当程度防ぐことができたとしており、鉱山保安法に基づく上記の保安規制の権限を直ちに行使しなかったことは、その趣旨、目的に照らし、著しく合理性を欠くものであって、国家賠償法第 1 条 1 項の適用上、違法というべきであるとしている（最判平 16.4.27）。

正答　1

公の営造物の設置又は管理の瑕疵①

NO.97　国家賠償法第2条に関する記述として妥当なのは、次のどれか。　**(東京都管理職試験出題)**

1　国又は公共団体は、公の営造物の設置又は管理に瑕疵があり、そこに過失があると裁判所によって判断されたときに限り、それによって損害を受けた者に対し損害を賠償しなければならない。

2　国又は公共団体は、公の営造物の設置又は管理に瑕疵があったために他人に損害を生じたときは、その損害を賠償しなければならないが、賠償の相手方は公の営造物の本来の用法に従っている利用者に限られない。

3　国又は公共団体は、公の営造物の設置管理に瑕疵があったために他人に損害を生じたときは、その損害を賠償しなければならないが、公用自動車等の動産に瑕疵があった場合は、損害を賠償する必要はない。

4　国又は公共団体は、公の営造物の設置又は管理に瑕疵がある場合でも、その瑕疵の原因がもっぱら財政的理由によるときは、それによって損害を受けた者に対し損害を賠償する必要はない。

5　国又は公共団体は、公の営造物の設置又は管理に瑕疵がある場合でも、単に公の営造物の設置、管理の費用又は職員の給与その他の費用を負担しているだけのときは、損害を賠償する必要はない。

Key Point

国家賠償法に定める公の営造物の設置又は管理の瑕疵に基づく損害賠償について問う問題である。特徴(無過失責任)、要件(公の構造物であること、設置・管理の瑕疵によること)、賠償の責を負う者について正しく理解すること。

解説　国家賠償法第２条の特徴は、公の営造物に瑕疵があって通常有すべき安全性を欠くときは、管理行為に過失がなくても賠償責任を負うという「**無過失責任の原則**」である。また、国家賠償法第２条による賠償責任は、次の要件で発生する。

①「国又は公共団体によって公用又は公共の用に供されている有体物」（**公の営造物**）であること

②「当該公物がその成立当初から、いわば原始的に安全性を欠いていること」（**設置の瑕疵**）によること

③「後発的に安全性を欠くことに至ったこと」（**管理の瑕疵**）によること

1　**誤り**。公の営造物の設置管理の瑕疵に基づく損害については、国又は公共団体は、管理行為に過失がなくても賠償責任を負うという「無過失責任の原則」による。

2　**正しい**。管理責任とは、公の営造物の本来の用法に従っているかどうかという主観的事実を要しない。損害の発生とその原因について公の営造物の瑕疵という客観的事実が挙げられるにとどまる。

3　**誤り**。公の営造物とは、国又は公共団体によって公用又は公共の用に供されている有体物のことであり、この中に公用自動車等の動産も含む。

4　**誤り**。公の営造物の設置又は管理の瑕疵とは、その維持、修繕、保管行為等に不完全な点があり、それがために、その営造物が「通常有すべき安全性を欠く」ことであるから、財政的な理由といった瑕疵の原因は問わない。

5　**誤り**。国家賠償法に基づく損害賠償については、公の営造物の設置管理者と設置管理の費用を負担する者とが異なる場合には、いずれもが損害賠償の責任を負う。

正答　2

公の営造物の設置又は管理の瑕疵②

NO.98　国家賠償法に規定する公の営造物の設置又は管理の瑕疵に基づく損害賠償責任に関する記述として、判例、通説に照らして、妥当なのはどれか。　**(特別区管理職試験出題)**

1　公の営造物の設置又は管理の瑕疵により、他人に損害が生じても、その瑕疵について当該営造物の設置又は管理に当たる公務員に故意又は過失がない場合には、国又は公共団体は、その損害について賠償責任を負わない。

2　公の営造物の設置又は管理の瑕疵に基づく損害賠償を受けることができる者は、営造物を利用したことにより損害を被った者に限られており、営造物の平常の操業によって第三者に損害が及んでも、その第三者は損害賠償を受けることができない。

3　最高裁判所の判例では、利用者が、公の営造物を設置管理者の通常予測し得ない異常な方法で使用したことにより事故が生じた場合には、当該設置管理者は、それによる損害賠償責任を負わないとした。

4　最高裁判所の判例では、道路管理者は、道路上に故障車が危険な状態で長時間放置されていたのに、適切な看視体制をとらなかったためにこれを知らず、安全保持に必要な措置を全く講じなかったことから事故が生じたとしても、道路管理に瑕疵はなく、それによる損害賠償責任を負わないとした。

5　最高裁判所の判例では、道路管理者は、災害等の防止施設の設置のための費用が相当の多額にのぼり、その予算措置に困却する場合には、道路管理の瑕疵によって損害が生じても、その賠償責任を当然に免れるとした。

Key Point

公の営造物の設置管理の瑕疵に基づく損害賠償について問う問題である。無過失責任の原則や財政力不足は免責理由になるのか等、理解する必要がある。

道路、河川等の公の営造物の設置管理の瑕疵に基づく損害については、国家賠償法第２条による。国家賠償法第２条の特徴は、国家賠償法第１条が公務員の故意・過失を国家賠償の要件として掲げ、「**過失責任の原則**」に立っているのに対して、公の営造物に瑕疵があって通常有すべき安全性を欠くときは、管理行為に過失がなくても賠償責任を負うという「**無過失責任の原則**」によっていることである。

また、国家賠償法第３条によると、被害者は、公の営造物の設置管理者とその設置管理の費用負担者とが異なる場合には、そのいずれに対しても損害賠償を請求することができるとされている。

なお、国家賠償法第４条により、国家賠償法に規定のない事項については、民法が補充的に適用される。例えば、過失相殺、時効等については、民法の規定によるものとされている。

行政処分等に関する補償

1　**誤り**。公の営造物の設置又は管理にかかる損害賠償については、公務員の故意や過失は要件とされていない（国家賠償法第２条）。

2　**誤り**。瑕疵には機能的瑕疵も含まれ、その危険性は利用者以外の第三者も含む（最大判昭 56.12.16）。

3　**正しい**。事故が被害者自身の通常の用法を逸脱した異常な用法に起因する場合には、設置管理者は国家賠償法第２条の責任を負わない（最判平 5.3.30）。

4　**誤り**。相当な時間を経過したにもかかわらず、道路管理者がこれを知らず、道路の安全保持に必要な措置をまったく講じなかったことは、道路管理の瑕疵に当たる（最判昭 50.7.25）。

5　**誤り**。多額の費用を要し予算措置に困却するとしても、それによって賠償責任を免れるものではない（最判昭 45.8.20）。

正答　3

公の営造物の設置又は管理の瑕疵③

NO.99　国家賠償法に規定する公の営造物の設置又は管理の瑕疵に関する記述として、判例に照らして妥当なのはどれか。

（特別区管理職試験出題）

1　道路管理の瑕疵について、災害等の防止施設の設置のための予算措置に困却するからといって、それにより直ちに道路の管理の瑕疵によって生じた損害の賠償責任を免れうるものではないとする判例は、河川管理の瑕疵についても当然に妥当する。

2　道路管理者が道路工事現場に設置していた赤色灯標柱が倒れていたため、道路工事現場で交通事故が生じた場合、当該標柱が事故直前に他車によって倒され、道路管理者として遅滞なくこれを現状に復旧し道路を安全良好な状態に保つことが不可能であったとしても、道路管理に瑕疵があったといえる。

3　公の営造物の通常の用法に即しない行動の結果により事故が生じた場合、当該営造物として本来具有すべき安全性に欠けるところなく、その行動が設置管理者において通常予測しえないものであったとしても、当該事故は営造物の設置管理の瑕疵によるといえる。

4　公の営造物の設置又は管理の瑕疵には、その営造物が供用目的に沿って利用されることとの関連において危害を生ぜしめる危険性がある場合をも含み、また、その危害は営造物の利用者に対してのみならず、利用者以外の第三者に対するそれをも含む。

5　第三者が道路上に故障車を交通に危険な状態で放置して相当時間を経過したにもかかわらず、道路管理者が道路を常時巡視して応急事態に対処しうる看視体制をとっていなかったためにこれを知らず、道路の安全保持に必要な措置を全く講じなかった場合であったとしても、道路管理に瑕疵があったといえない。

Key Point

設置管理の瑕疵は、営造物の種類によって異なる。

解説 国家賠償法第2条による公の営造物の瑕疵とは、「営造物が通常有すべき安全性を欠き、他人に危害を及ぼす危険性のある状態」をいい、「かかる瑕疵の存否については、当該営造物の構造、用法、場所的環境及び利用状況等諸般の事情を総合考慮して具体的個別的に判断すべきものである」とするのが、最高裁の判例である。すなわち、営造物の種類によって異なる。

国家賠償法に基づき、賠償を請求できる者は、営造物の利用者のみならず、営造物の存在に起因して被害が及んだその周辺居住者も含まれる。

1 **誤り**。道路の管理について、予算上の制約は賠償責任を免れる理由にならない(最判昭45.8.20)。 一方、河川については、「過去の水害の規模、発生頻度、原因、地形、自然的条件、緊急性の有無等を考慮し、河川管理の一般水準及び社会通念に照らして、安全性を備えているかどうかを基準として判断すべきである」とした判例(最判昭59.1.26) があり、当然に妥当であるとは言えない。

2 **誤り**。道路が客観的には安全性を欠くことがあっても、安全策を講ずる余裕がない場合には、道路の管理の瑕疵がないものと考えられる(管理者の損害回避が期待できない場合には、責任は認められない)。

3 **誤り**。公の営造物の瑕疵とは、「営造物が通常有すべき安全性を欠き、他人に危害を及ぼす危険性のある状態」である。

4 **正しい**。営造物本来の用法とは別に第三者に被害が生じたら、国家賠償の問題として取り上げることは可能である(最判昭56.12.16)。

5 **誤り**。道路が通常有すべき安全性を欠き、また、安全策を講ずる時間的余裕があるため、道路管理に瑕疵があるといえる(最判昭50.7.25)。

正答 4

公の営造物の設置又は管理の瑕疵④

NO.100 国家賠償法第2条に定める公の営造物の設置・管理の瑕疵に基づく損害賠償についての最高裁判所の判例に関する記述として、妥当なのはどれか。　**（東京都管理職試験出題）**

1　多摩川水害訴訟では、工事実施基本計画に準拠して改修した河川の管理の瑕疵は、同計画に定める規模の洪水における流水の通常の作用から予測される災害の発生を防止するに足りる安全性を基準として、判断すべきであるとした。

2　熊野市鬼ヶ城転落事件訴訟では、公の営造物の設置・管理の瑕疵に基づく損害について、設置・管理の費用負担者も賠償責任を負うが、この費用負担者は、法律上の費用負担義務者に限られ、事実上の費用負担者は含まれないとした。

3　大阪城外濠転落事件訴訟では、外濠の景観を保全する必要があるとしても、外濠への不用意な転落事故を防止するには既存の柵では足りず、転落を防止するための十分な柵が必要であるとして、外濠の設置・管理に瑕疵があるとした。

4　高知国道落石事件訴訟では、国道に防護柵が設置されていなくても、防護柵を設置するための費用が多額にのぼり予算措置が困難であるときは、国道の管理に瑕疵がないとして、道路管理者は賠償責任を免れるとした。

5　国道43号線訴訟では、公の営造物の設置・管理の瑕疵の有無は、営造物の利用者に危害を及ぼすか否かで判断するものであり、道路騒音など利用者以外の第三者に対する危害のおそれは、瑕疵の有無の判断において考慮されないとした。

Key Point

国家賠償法に関しては、いくつかの判例があるため、主要なものは、その裁判で何が問われ、どのように判示されたかを十分に理解しておく必要がある。

1　**正しい**。(最判平2.12.13)

2　**誤り**。この裁判は、国立公園内にある鬼ヶ城の転落事故に関して、国の補助金が国家賠償法第2条1項でいう費用の負担者にあたるかどうかが問われたものである。裁判では、「当該営造物の設置費用につき法律上負担義務を負う者のほか、この者と同等もしくはこれに近い設置費用を負担し、実質的にはこの者と当該営造物による事業を共同して執行していると認められる者」とし、事実上の費用負担者も含まれるとした(最判昭50.11.28)。

3　**誤り**。この裁判は、大阪城公園内の外濠の石垣を降り、転落して死亡した事件に関して、安全上既存の柵が十分であったかどうかが問われたものである。裁判では、「通常予測される入園者の石垣からの不用意な転落事故の危険を防止するための設備としては、既存の柵で足りる。外堀の設置・管理に瑕疵はない」とした(最判昭58.10.18)。

4　**誤り**。この裁判は、国道走行中のトラック運転手が、岩石の自然落下により即死した事件で、道路の管理と管理者の財政力との関連が問われたものである。裁判では、「予算措置が困難であることにより、直ちに道路の管理の瑕疵によって生じた損害に対する責任を免れるものと考えることはできない」とした(最判昭45.8.20)。

5　**誤り**。この裁判は、国道43号線開通にともなう交通量の増大による騒音・振動などの被害が、国家賠償法第2条1項にいう営造物の設置又は管理の瑕疵にあたるかどうかが問われたものである。裁判では、「その利用者以外の第三者に対して危害を生ぜしめる危険性がある場合も含むものであり、その結果、周辺住民に社会生活上受忍すべき限度を超える被害が生じた場合には、責任を免れない」とした(最判平7.7.7)。

正答　1

公の営造物の設置又は管理の瑕疵⑤

NO.101 国家賠償法に定める公の営造物の設置又は管理の瑕疵に基づく損害賠償に関する記述として、妥当なのはどれか。

(東京都主任試験出題)

1　公の営造物には、道路、河川など公の目的のために供される不動産は含まれるが、自動車や飛行機は動産であるため、含まれないとされる。

2　国又は公共団体は、公の営造物の設置又は管理に瑕疵があった場合でも、その設置又は管理に過失がなければ、損害賠償責任を負わないとされる。

3　公の営造物の設置又は管理の瑕疵によって損害を受けた者は、当該営造物の利用者だけに限らず、周辺居住者等の利用関係にない第三者であっても、損害賠償を請求することができる。

4　公の営造物の設置又は管理の瑕疵によって損害を受けた者は、営造物の設置又は管理に当たる団体と、設置又は管理の費用を負担する団体とが異なる場合には、費用を負担する団体に対してのみ損害賠償を請求することができる。

5　国又は公共団体は、公の営造物の設置又は管理の瑕疵に基づく賠償責任を負う場合、損害の原因について他に責に任ずべき者がいても、この者に対し求償権を行使することはできない。

Key Point

公の営造物の種類と公の営造物の設置又は管理の瑕疵の意義を把握しておくこと。

解説 国家賠償法第２条に定められた公の営造物の設置又は管理の瑕疵に基づく損害賠償に関する問題である。

「瑕疵」とは、営造物の物的性状に欠陥があることをいう。従って、営造物責任は、物の設置・管理をめぐる人の注意義務とは無関係に、物それ自体の状態に即して客観的に判断される。すなわち、過失がなくても責任がある**無過失責任**であるとする。

1 **誤り**。公の営造物とは、公の目的に共用されている有体物（公物）のことであり、自動車や飛行機等の動産も含まれる。

2 **誤り**。公の営造物の設置又は管理の瑕疵に基づく損害については国又は公共団体は、管理行為に過失がなくても賠償責任を負うという「無過失責任の原則」による。

3 **正しい**。判例は、空港周辺住民の損害賠償請求について認めている（最大判昭56.12.16）。

4 **誤り**。営造物の設置管理者と、設置管理の費用を負担する者とが異なる場合には、いずれもが損害賠償の責任を負う（国家賠償法第３条１項）。

5 **誤り**。国又は公共団体は、公の営造物の設置又は管理の瑕疵に基づく賠償責任を負う場合、損害の原因について他に責に任ずべき者がある場合には、この者に対し求償権を有する（国家賠償法第２条２項）。

正答 3

損失補償①

NO.102　損失補償に関する記述として、妥当なのはどれか。

（東京都主任試験出題）

1　損失補償とは、公務員の違法な公権力の行使により、国民が被った損害を賠償することをいう。

2　判例では、法律に補償の規定がなくても、憲法第29条第3項を根拠にして、補償を請求することができるとしている。

3　財産権に対する侵害行為が、社会生活において一般的に要求される受忍の範囲内であっても、個別的な負担が生じる場合には、損失補償を行う必要がある。

4　公用収用に伴う損失の補償については、収用される権利のみが補償の対象となり、移転料や調査費等の付随的損失については補償の対象外である。

5　損失補償は代替地の提供等、現物補償に限られるため、金銭による補償はすることができない。

Key Point

損失補償の意義を問う問題である。国家賠償法に基づく賠償責任との混同に注意したい。

建築基準法による建築規制など公共の安全・秩序の維持という消極目的の規制、すなわち警察制限の場合は、補償は原則不要となることも押さえておくこと。

損失補償は、適法な公権力の行使によって課せられる特別の犠牲に対し、全体的公平負担の見地から行われる補償である。このことを念頭に、誤った選択肢を消去していく。

1　**誤り**。損失補償は、適法な行政活動により生じた損失を補填することである。なお、違法な行政活動による損害を賠償するのは国家賠償である。

2　**正しい**。(最大判昭 43.11.27)

3　**誤り**。財産権に対する侵害行為が、社会生活において一般的に要求される受忍の範囲内である場合は、損失補償を行う必要はない（最大判昭 38.6.26）。

4　**誤り**。付随的損失の補償として、土地収用法第 77 条では「収用し、又は使用する土地に物件があるときは、その物件の移転料を補償して、これを移転させなければならない」と規定している。

5　**誤り**。「公共用地の取得に伴う損失補償基準要綱」では、損失補償の方法を「原則として、金銭をもつてするものとする」と定めており（第 6 条 1 項）、現物給付はあくまでも例外的位置づけとされている（同条 2 項）。

正答　2

損失補償②

NO.103 損失補償に関する記述として、通説、判例に照らして妥当なのはどれか。 **（特別区管理職試験出題）**

1　公共の用に供するために財産を収用された者は、個別法により補償を請求することとされ、憲法を直接援用して補償を請求することができない。

2　損失補償は、公用収用の前提要件であり、法律が補償の規定なしに収用できる旨定めた場合、当該法律は無効である。

3　損失補償は、特定人の財産権に対する偶発的かつ特別な犠牲に対してだけでなく、国民が一般的に負担すべき財産権の制約に対しても行わなければならない。

4　消防活動に当たり、消火に必要なために、延焼のおそれがあると認められる対象物を処分した場合は、その損失を補償しなければならない。

5　文化財、史跡、名勝の保護、天然の景勝地の保存などを目的とする公用制限は、当該財産権の私的効用を高めるためではなく、国民全体にとって有用な事業のための制約であるので、公平負担の見地から補償の対象となる。

Key Point

損失補償とは、①適法な公権力の行使によって加えられた、②財産上の③偶発的かつ特別な犠牲に対し、私有財産の保障と公平負担の見地からなされる財産的補償である。

憲法は、第29条１項において財産権を保障するとともに、第29条３項において「私有財産は、正当な補償の下に、これを公共のために用いることができる」と規定し、損失補償の一般的根拠を与えている。

判例（最判昭43.11.27）は、**個別の法律に損失補償の規定がない場合について、直接、憲法第29条３項に基づく補償請求ができる**としている。

1　**誤り**。憲法第29条３項を直接援用して補償を請求できる。

2　**誤り**。損失補償は、公用収用の前提要件ではない。また、法律に補償の規定がなくても、直接、憲法に基づく請求をすることが可能であり、直ちに法律が無効であるとは言えない。

3　**誤り**。損失補償は、特定人に対する偶発的かつ特別な犠牲と認められるもののみが補償の対象であり、一般的負担は対象とならない。

4　**誤り**。延焼のおそれがないと認められる対象物の処分に対し、補償を定めている（消防法第29条３項）。延焼のおそれがある建物は、社会的危険物であり、補償対象とは解されない。

5　**正しい**。

正答　5

損失補償③

NO.104 損失補償に関する記述として、通説に照らして、妥当なのはどれか。 **(特別区管理職試験出題)**

1　損失補償とは、国又は公共団体の違法な行政活動によって、特定の者に財産上の特別の犠牲が生じた場合に、公平負担の理念に基づいて、その損失を補塡する金銭的補償をいう。

2　損失補償は、日本国憲法において「私有財産は、正当な補償の下に、これを公共のために用ひることができる」と明文化されており、個別の法律に補償の規定がない場合には、直接憲法に基づき、損失補償を請求できる。

3　損失補償が認められるのは、特定人に対して特別の犠牲を強いる場合に限られず、社会生活において国民一般が財産権の制約を等しく受忍しなければならない場合においても認められる。

4　公用収用における損失補償は、収用される財産権の価値に対して補償することはできるが、「移転料」や「営業上の損失」など収用に伴い通常受ける付随的損失について補償することはできない。

5　土地収用法における損失補償は、公益上必要な事業のために土地が収用される場合、当時の経済状態において合理的に算出された相当の額で足り、収用の前後を通じて被収用者の財産を等しくするような完全な補償は不要である。

Key Point

損失補償の対象となる「偶発的かつ特別な犠牲」とは、①平等原則に反する個別的な負担であり（形式的基準）、かつ②社会生活において一般的に要求される受忍限度を超える本質的なもの（実質的基準）である。

損失補償は、適法な公権力の行使によって個人に与えた損失を補償することにより、財産権の保障と損失の公平な分担を図る制度である。**「偶発的かつ特別な犠牲」**のみが、損失補償の対象となり得るものとされる。

国民に対して一般的に課せられる負担は、平等原則に反する個別的な負担とは言えず**（形式的基準）**、また、財産権に内在する制約は、社会生活における一般的受忍限度を超える強度なものとは言えない**（実質的基準）**ことから、ともに補償の対象とはなり得ない。

一般的に公共の安全、社会秩序の維持など消極（警察）目的のための必要最小限の財産権への制限は、「偶発的かつ特別な犠牲」に当たらず、積極目的のための特定財産への制限は、「偶発的かつ特別な犠牲」に当たると解されている。

1　**誤り**。損失補償とは、国又は公共団体の「適法な」公権力の行使によって課せられる特別の犠牲に対し、全体的公平負担の見地から行われる補償である。

2　**正しい**。

3　損失補償は特定人に対する「偶発的かつ特別な犠牲」と認められるもののみが補償の対象である。「偶発的かつ特別な犠牲」とは①平等原則に反する個別的な負担であり（形式的基準）、かつ②社会生活において一般的に要求される受忍限度を超える本質的なもの（実質的基準）である。

4　**誤り**。「移転料」や「営業上の損失」など収用に伴い通常受ける付随的損失についても、損失補償の対象にされている（土地収用法第88条）。

5　**誤り**。土地収用法における損失の補償は、特定の公益上必要な事業のために土地が収用される場合、その収用によって当該土地の所有者等が被る特別な犠牲の回復を図ることを目的とするものであるから、完全な補償、すなわち収用の前後を通じて被収用者の財産価値を等しくならしめるような補償をなすべきである（最大判昭48.10.18）。

正答　2

損失補償④

NO.105　損失補償に関する記述として、判例、通説に照らして、妥当なのはどれか。　**（特別区管理職試験出題）**

A　福原輪中堤は、歴史的、社会的、学術的価値を内包しているが、それ以上に堤防の不動産としての市場価格を形成する要素となり得るような価値を有するというわけでないことは明らかであるから、かかる文化財的価値は土地収用法上損失補償の対象とはなり得ないとした。

B　倉吉市の都市計画の街路用地の収用において、土地収用法における損失の補償は、その収用によって当該土地の所有者等が被る特別な犠牲の回復を図ることを目的とするものではないので、収容の前後を通じて被収用者の財産価値を等しくするような完全な補償である必要はないとした。

C　奈良県ため池の保全に関する条例は、ため池の堤とうを使用する財産上の権利の行使を著しく制限するものであるが、災害を防止し公共の福祉を保持する上に社会生活上やむを得ないものであり、そのような制約は、ため池の堤とうを使用し得る財産権を有する者が当然受忍しなければならない責務というべきものであるから、憲法による損失補償を必要としないとした。

D　憲法は、正当な補償と規定しているだけで、補償の時期については少しも言明していないが、補償が財産の供与より甚だしく遅れる場合には、遅延による損害をも填補する問題が生じるため、補償が財産の供与と同時に履行されるべきことについては、憲法の保障するところであり、政府が食糧管理法に基づき個人の産米を買い上げるには供出と同時に代金を支払わなければ憲法に違反するとした。

1　A　B　　2　A　C　　3　A　D
4　B　C　　5　B　D

Key Point

憲法第29条3項にいう「正当な補償」の意義については、①完全補償説と②相当補償説とが対立しており、最高裁は農地改革のケースと土地収用のケースで異なる判断を下している。

憲法第29条３項の「正当な補償」について、最高裁は、土地収用法における損失補償については完全な補償を意味するが、農地改革のような場合の損失補償には、相当な補償で足りるとの立場に立っている。

完全補償説……当該財産の客観的市場価格を全額補償。

相当補償説……当該財産について、公平な算定基準により算出された合理的な金額を補償すれば足りる。

行政処分等に関する補償

A　**正しい**。（最大判昭 63.1.21）

B　**誤り**。土地収用法における損失の補償は、特定の公益上必要な事業のために土地が収用される場合、その収用によって当該土地の所有者等が被る特別な犠牲の回復を図ることを目的とするものであるから、完全な補償、すなわち収用の前後を通じて被収用者の財産価値を等しくならしめるような補償をなすべきである（最大判昭 48.10.18）。

C　**正しい**。（最大判昭 38.6.26）

D　**誤り**。憲法は「正当な補償」と規定しているだけであって、補償の時期については少しも言明しておらず、憲法は補償の同時履行までをも補償したものと解することはできない。したがって、食糧管理法に基づき、買入代金の支払が産米の供出後に行われるのは、憲法違反ではない（最大判昭 24.7.13）。

正答　2

損失補償⑤

NO.106 損失補償に関する記述として、通説に照らして、妥当なのはどれか。　**(特別区管理職試験出題)**

1　土地収用における損失補償は、金銭をもってするものとし、土地所有者は、補償金の全部又は一部に代えて現物補償として代替地をもって、損失を補償することを収用委員会に要求することができない。

2　土地収用における損失補償の対象は、収用に係る付随的損失にも及び、同一の土地所有者に属する一団の土地の一部を収用することによって残地の価格が減じ、その他残地に関して損失が生じるときは、当該損失を補償しなければならない。

3　消防吏員又は消防団員は、消火若しくは延焼の防止又は人命の救助のために必要があるときは、火災が発生せんとし、又は発生した消防対象物を処分することができるが、公共のための犠牲と考えられるため、損失の補償が必要である。

4　文化財の保存を目的とする公用制限は、消極目的のために課せられる財産権の内在的制約であるため、文化財保護法には、公用制限としての補償規定が置かれていない。

5　ダム建設などの大規模な公共工事が行われ、村落全体が収用されるような場合、生活の基盤を失うこととなる者は金銭補償で救済されるため、職業の紹介や指導などの生活再建措置の実施のあっせんを起業者に申し出ることはできない。

Key Point

補償の方法は、原則として金銭補償であるが、例外的に現物補償によることもできる。また、損失補償の支払い時期について、憲法では明文で定めていないが、判例によれば、財産の供与と補償の同時履行は憲法上保障されていない。

解説　一般的には、経済的価値に対して補償がなされるのであり、経済的価値以外の価値、すなわち精神的価値・文化的価値などに対しては補償されない。

行政処分等に関する補償

1　**誤り**。金銭補償を原則とするが、例外として現物補償も認められる。

2　**正しい**。

3　**誤り**。延焼のおそれがないと求められる対象物の処分に対し、補償を定めている（消防法第29条3項）。延焼のおそれがある建物は、社会的危険物であり、補償対象とは解されない。

4　**誤り**。文化財保護のための所有者に対する制約は特別の犠牲と考えられているので、損失補償を請求することができる。

5　**誤り**。生活再建のための措置が必要とされる場合は、職業紹介や指導などの生活再建措置の実施のあっせんを起業者に申し出ることができる。

正答　2

行政不服審査法

NO.107 平成28年4月1日に施行された改正行政不服審査法に関する記述として、妥当なのはどれか。

（特別区管理職試験出題）

1　不服申立類型を整理して、異議申立てを廃止し審査請求に一元化するものとし、個別法の特別な定めがあっても、処分庁に対する再調査の請求を認めないこととした。

2　審理の公平性向上のため、審査請求に係る処分又は当該処分に係る再調査の請求についての決定に関与した審査庁の職員が審理手続を主宰する審理員制度を導入するとした。

3　利便性向上のため、客観的審査請求期間を延長し、処分についての審査請求は、正当な理由があるときを除き、処分があった日の翌日から起算して3ヶ月以内にしなければならないとした。

4　透明性の向上のため、不服申立てにつき裁決等をする権限を有する行政庁は、当該行政庁がした裁決等の内容その他当該行政庁における不服申立ての処理状況について公表するよう努めなければならないとした。

5　審査請求手続において客観的かつ公正な判断が得られるよう、総務省に行政不服審査会を置き、地方公共団体に行政委員会として第三者機関を置くこととした。

Key Point

行政不服審査法は、制定後50年ぶりに抜本的な改正が行われ、平成26年6月に公布された（平成28年4月1日施行）。改正趣旨・改正点を確認されたい。

平成28年4月1日施行の行政不服審査法改正の主な内容は以下のとおり。

① 公正性の向上…審理員による審理手続・行政不服審査会等への諮問手続の導入

② 使いやすさの向上…審査請求をすることができる期間を処分があった日の翌日から起算して3カ月に延長（従来は60日）

不服申立ての手続を審査請求に一元化（異議申立ては廃止し、再調査の請求（選択制）が導入）

③ 国民の救済手段の充実・拡大…法令違反の事実を発見した場合に、是正のための処分等の求めが可能

行政上の不服申立て

1 **誤り**。法律に再調査の請求をすることができる旨の定めがあるときは、当該処分に不服がある者は、処分庁に対して再調査の請求をすることができる（行政不服審査法第5条）。

2 **誤り**。処分に関与しない職員（審理員）が両者の主張を公平に審理する審理員制度が導入された(行政不服審査法第9条第2項)。

3 **誤り**。主観的審査請求期間の内容である。客観的審査請求期間とは、処分があった日の翌日から起算して1年を経過したときは、処分について審査請求をすることができなくなる期間のこと（行政不服審査法第18条）。

4 **正しい**。（行政不服審査法第85条）

5 **誤り**。地方公共団体においては、第三者機関を地方公共団体の長の附属機関として、都道府県、市町村、特別区及び地方公共団体の組合に置かれる。総務省に行政不服審査会を置くことについては正しい（行政不服審査法第67、81条）。

正答 4

不服申立て①

NO.108　行政不服審査法に定める不服申立てに関する記述として、妥当なのはどれか。　**(東京都管理職試験改題)**

1　不服申立ての対象は、行政庁の違法又は不当な処分その他公権力の行使に当たる行為であり、ここにいう処分には、公権力の行使に当たる事実上の行為で、その内容が継続的性質を有するものが含まれる。

2　行政庁の処分に対する不服申立ては、審査請求が原則とされているが、審査請求をするか、再審査請求をするかは請求者が自由に選択できる。

3　不服申立ては、行政庁による違法又は不当な処分によって、直接に自己の権利又は利益を侵害された者だけが提起することができ、他人に対する処分によって不利益を破った者は、不服申立てを行うことはできない。

4　不服申立てには、不告不理の原則が適用され、不服申立てを受けた行政庁は、職権で当事者の主張しない事由を審査することはできない。

5　行政不服審査法は、審査庁となるべき行政庁に対し、審査請求がその事務所に到達してから当該審査請求に対する裁決をするまでに通常要すべき標準的な期間を定めることを義務付けている。

Key Point

行政不服申立てとは、行政庁の違法又は不当な処分その他の公権力の行使に当たる行為又は不作為に関し、行政庁に対し、その行為の取消しその他の是正を求める制度である。

①不当な処分・不作為も対象、②行政庁への申立て、③手続の簡便性が、行政事件訴訟と比較した場合の特徴である。

解説　行政不服申立ての対象は、「行政庁の違法又は不当な処分その他の公権力の行使に当たる行為」（行政不服審査法第1条1項）とされ、**「処分」**と**「不作為」**の2種類に分かれ、処分については、行政行為のほか、継続的性質を有する事実行為も含まれるとされる。

平成26年改正前の行政上の不服申立ては、申立ての行われる行政機関に着目して、異議申立て（申立て先が処分庁）、審査請求（申立て先が処分庁以外）、再審査請求（審査請求の結果に対してさらに別の行政機関に不服申立てを行う。）に分けられていた。平成26年の改正により、異議申立てという類型はなくなり、不服申立ては処分庁又は上級行政庁又は第三者機関に対する審査請求に一元化された。ただし、個別法により、再審査請求ができる場合もあり、また、簡易な手続で処分を見直す、再調査の請求も認められている。

1　**正しい**。事実行為で継続的性質を有するものとしては、不正入国者を退去させるための強制収容や、税関における人の収容・物の留置などがある。

2　**誤り**。再審査請求は審査請求を経た後でなければできない（行政不服審査法第6条1項）。

3　**誤り**。前半は正しいが、自己の権利・利益は法律上の利益に限らず、事実上の利益で足り、他人に対する処分によって不利益を被った場合も含まれる。

4　**誤り**。不服申立て制度では、職権審理主義がとられている（行政不服審査法第33条以下参照）。

5　**誤り**。標準審理期間の設定は努力義務である（行政不服審査法第16条）。

正答　1

不服申立て②

NO.109 行政不服審査法に定める不服申立てに関する記述として、妥当なのはどれか。 **(東京都管理職試験改題)**

1　審査請求は処分庁に上級行政庁がある場合、上級行政庁に行うことが原則であるが、複数の上級行政庁がある場合は、直近の上級行政庁を請求先とすることになる。

2　不服申立ては、不服申立ての利益を有する者が行うことができるが、処分の相手方でない第三者が処分によって直接に自己の利益を侵害されたとしても、この第三者は不服申立てを行うことができない。

3　審査請求があったときは、処分の執行又は手続は中断されるが、処分庁の上級行政庁が審査庁である場合は、審査庁の判断により、処分の執行又は手続の続行ができる。

4　審査請求に対する裁決により、請求が認容され原処分の全部又は一部が取り消された場合、裁決の効力は処分時に遡及することなく、原処分の取り消された部分の効力は、裁決以降において無効となる。

5　再審査請求の対象は、審査請求と異なり列記主義がとられているため、再審査請求は、法律又は条例に再審査請求ができる旨の定めがある場合に限り行うことができる。

Key Point

処分に対する不服申立てが提起されても、処分の効力、処分の執行又は手続の続行を妨げない(執行不停止の原則)。ただし、審査庁は、不服申立人の申立て又は職権で、必要があると認めるときは、一定の要件の下に、処分の効力等の全部又は一部の停止その他の措置をとることができる。

解説　不服申立てにおける審査請求、再調査の請求、再審査請求の関係は以下のとおりである。

①審査請求が不服申立ての原則であり、適用除外（行政不服審査法第7条）に該当しない限り請求可能である（概括主義）。
②審査請求と再調査の請求は請求者が自由に選択できるが、再調査の請求を選択した場合はその決定がでるまで審査請求はできない（行政不服審査法第5条2項）。
③再審査請求は審査請求を経た後でなければできない（行政不服審査法第6条1項）。

1　**誤り**。処分庁に上級行政庁がある場合は、その最上級行政庁を審査請求先とする（行政不服審査法第4条）。

2　**誤り**。当該処分により自己の権利又は法律上保護された利益を侵害され、又は必然的に侵害されるおそれのある者は、第三者であっても不服申立てを行うことができる（最判昭53.3.14）。

3　**誤り**。審査請求は、処分の効力、処分の執行又は手続の続行を妨げない（行政不服審査法第25条）。

4　**誤り**。行政行為の取消しは、その行政行為の初めにさかのぼって、法律上の効力を消滅させ、初めからなされなかったのと同様の状態になる。

5　**正しい**。（行政不服審査法第6条1項）

正答　5

不服申立て③

NO.110　行政不服審査法に定める不服申立てに関する記述として、妥当なのはどれか。

1　不服申立ては、異議申立てを原則とするが、処分庁に上級処分庁があるとき、又は、法律に特別の定めがあるときは審査請求によらなければならない。

2　行政庁の処分につき審査請求をすることができる場合において、当該処分に不服がある者は、個別に法律の規定がなくとも、処分庁に対して再調査の請求をすることができる。

3　再調査の請求をしたときは、当該再調査の請求についての決定を経た後でなければ、いかなる場合も審査請求をすることができない。

4　審査請求の裁決に不服のある者は、個別の法律に規定がある場合に限り再審査請求をすることができるが、これは、審査請求の裁決を経た後でなければ、することができない。

5　再審査請求は審査請求の裁決に対してのみ行うことができ、審査請求の対象となった処分そのものに対して行うことはできない。

Key Point

平成26年の行政不服審査法改正により、不服申立てについては、審査請求に一元化されるなどの改正が行われた。不服申立ての種類ごとに内容を確認し、三者の関係を整理しておく必要がある。

処分又は不作為に不服のある者は、審査請求を行うことができるが、法律に定めのある場合には請求者の選択次第で再調査の請求を行うこともできる（自由選択主義）。しかし、再調査の請求をした場合には、原則として再調査の請求の決定を経た後でなければ、審査請求をすることができない。また、審査請求の裁決に不服のある者は、法律の定めがある場合、再審査請求をすることができる（行政不服審査法第２条、第３条、第５条１項及び２項、第６条１項）。

行政上の不服申立て

1　**誤り**。従前の行政不服審査法では、処分庁に上級処分庁があるときは審査請求、ないときは異議申立てを行うものとしていたが、改正行政不服審査法において、異議申立てを廃止し、不服申立てを原則として「審査請求」に一元化した（行政不服審査法第２条）。

2　**誤り**。個別の法律に再調査の請求をすることができる旨の定めがなければ、再調査の請求をすることはできない（行政不服審査法第５条１項）。

3　**誤り**。原則として、再調査の請求をしたときは、その決定を経た後でなければ審査請求を行うことはできないが、再調査の請求をした日の翌日から起算して三月を経過しても、処分庁が当該再調査の請求につき決定をしない場合などは、決定を待たずに審査請求をすることができる（行政不服審査法第５条２項）。

4　**正しい**。（行政不服審査法第６条１項）

5　**誤り**。再審査請求は、審査請求の裁決又は当該処分そのものを対象として、行政庁に対してすることができる（行政不服審査法第６条２項）。

正答　4

不服申立て④

NO.111　行政不服審査法に規定する不服申立てに関する記述として、妥当なのはどれか。　**（特別区管理職試験改題）**

1　不服申立ては、処分のあったことを知らない場合であっても、理由のいかんにかかわらず当該処分のあった日の翌日から起算して1年を経過したときは、することができない。

2　行政庁の処分に対し、審査請求のみならず、再調査の請求もできる場合、請求者の選択により審査請求か再調査の請求のいずれかをすることができる。

3　行政不服審査法において審査請求をすることができないとされる処分は、他の法令においても不服申立ての制度を設けることはできない。

4　法令に基づき、行政庁に対して処分についての申請をした者は、当該申請から相当の期間を経過したにもかかわらず、行政庁の不作為がある場合には、不作為についての審査請求、再調査の請求をすることができる。

5　再審査請求は、審査請求の裁決を経た後に更に行う不服申立てであり、法律に審査請求をすることができる旨の定めがあるすべての処分についてすることができる。

Key Point

再審査請求は、処分についての審査請求をした者が、その裁決に不服がある場合に、個別の法律で定められた行政庁に対して不服を申し立てる制度である。不作為については、再審査請求の制度はない。

解説　不服申立てには期間制限がある。不服申立てのできる期間は、申立人が処分（再審査請求にあっては原裁決）のあったことを知った日の翌日から起算して、以下のとおりである。

①**審査請求**…３か月（行政不服審査法第18条１項）
②**再調査の請求**…３か月（行政不服審査法第54条１項）
③**再審査請求**…１か月（行政不服審査法第62条１項）

さらに、処分（再審査請求にあっては原裁決）のあった日の翌日から１年を経過したときは、不服申立てをすることはできない。ただし、正当な理由があるときはこの限りではない。

行政上の不服申立て

1　**誤り**。正当な理由があるときは、その限りではない（行政不服審査法第18条２項）。
2　**正しい**。再調査の請求が可能な場合に、審査請求を行うか、再調査の請求を行うかは請求者が自由に選択できる。ただし、実際に再調査の請求を行った場合は、原則としてその決定を経た後でなければ審査請求はできない（行政不服審査法第５条２項）。
3　**誤り**。行政不服審査法上、審査請求することができない処分であっても、他の法令で不服申立ての制度を設けることは可能である（行政不服審査法第８条）。
4　**誤り**。不作為に対しての再調査の請求は認められていない。
5　**誤り**。再審査請求ができる旨の規定がなければならない（行政不服審査法第６条１項）。

正答　2

不作為についての不服申立て

NO.112 行政庁の不作為についての不服申立てに関する記述として、行政不服審査法上、妥当なのはどれか。

(特別区管理職試験改題)

1　行政庁の不作為についての不服申立ては、法令に基づく申請に対する行政庁の不作為が相当の期間を経過しても継続している場合には、いつでもこれをすることができ、不服申立期間の制限はない。

2　行政庁の不作為についての不服申立ては、当該不作為によって直接に自己の権利又は利益を侵害された者であれば、当該不作為に係る処分を申請した者以外の者であっても、これをすることができる。

3　行政庁の不作為についての不服申立ての取下げは、書面又は口頭のいずれによってもすることができるが、取下げをすることができる者は、当該不服申立人に限られる。

4　不作為についての審査請求に理由があるとき、不作為庁の上級庁である審査庁は、当該不作為が違法又は不当である旨を宣言することはできるが、不作為庁に対し一定の処分をすべき旨を命ずる裁決はできない。

5　行政庁の不作為についての審査請求の裁決に不服がある者は、審査庁の直近上級行政庁に対し、再審査請求をすることができる。

Key Point

法令に基づき行政庁に対して処分についての申請をした者は、行政庁の不作為に対し、審査請求をすることができる。ただし、不作為についての不服申立てには再調査の請求、再審査請求の制度はない。

不作為とは、「法令に基づく申請に対して何らかの処分をもしないこと」（行政不服審査法第3条）と定義される。

不作為についての不服申立てができるのは、行政庁に法令に基づく申請をした者に限られる。また、不服申立期間の制限はなく、不作為状態が続く限り、いつまでも申立ての提起ができる。

1　**正しい**。

2　**誤り**。行政庁の不作為についての不服申立ては、当該不作為に係る処分を申請した者ができる(行政不服審査法第3条)。

3　**誤り**。取下げは、書面でしなければならない(行政不服審査法第27条2項)。

4　**誤り**。不作為庁の上級庁である審査庁は当該不作為が違法又は不当である旨の宣言に加え、一定の処分をすべき旨を命ずる判決を行わなければならない（行政不服審査法第49条3項)。

5　**誤り**。不作為についての不服申立てには、再審査請求の制度はない。

正答　1

行政上の不服申立て

教示制度①

NO.113 行政不服審査法に定める教示制度に関する記述として、妥当なのはどれか。 **(東京都主任試験改題)**

1　教示制度は、審査請求若しくは再調査の請求についてのみ適用されるため、他の法令に基づく不服申立てに対しては適用されない。

2　行政庁は、利害関係人から行政処分について教示の請求を受けた場合、その者が処分の直接の相手方ではないことを理由として、教示を拒否することができる。

3　教示すべき事項は、処分につき不服申立てをすることができる旨と不服申立てをすべき行政庁に限られ、不服申立てをすることができる期間については教示する必要はない。

4　行政庁は、教示の義務があるにもかかわらず、教示を行わなかった行政処分については、不服のある者から不服申立書が提出されると否とを問わず、その処分を撤回しなければならない。

5　行政庁が処分を行う場合に、それが書面による処分であっても、不服申立てをすることができない処分については、不服申立ての可否やその手続を教示しなくてよい。

Key Point

教示義務がある場合に当該処分が教示を欠いてなされたとしても、処分そのものが違法になることはない(高判昭55.12.24)。

不服申立てのできる処分を書面でする場合、行政庁には、書面による教示義務がある。教示すべき内容は、次の項目である。

①不服申立ての可否
②不服申立てをすべき行政庁
③不服申立てをすることができる期間

また、利害関係人から教示の請求を書面で受けたときには、教示の方法としては書面で応じなければならない（行政不服審査法第82条）が、それを除いては特に制限が加えられておらず、書面でも口頭でもよいとされている。

1　**誤り**。行政不服審査法の教示制度は、当該法律に規定される不服申立てのみならず、他の法律に基づく不服申立てにも適用される。

2　**誤り**。処分の直接の相手方でなくても、利害関係人から請求のあった場合、行政庁に教示義務がある（行政不服審査法第82条2項）。

3　**誤り**。教示すべき内容には、不服申立てが可能な期間も含まれる（行政不服審査法第82条1項）。

4　**誤り**。行政庁が教示義務を怠った場合、不服申立書を提出できるが、当該処分そのものは違法無効とならない。

5　**正しい**。

正答　5

教示制度②

NO.114　行政不服審査法に規定する教示に関する記述として、妥当なのはどれか。　**(特別区管理職試験改題)**

1　行政庁が教示義務に反して教示をしないとき、処分について不服のある者は、当該処分庁に不服申立てを提出することができる。

2　不服申立てのできる処分を行政庁が書面で行う場合、教示の請求権者は当該処分の相手方に限られ、当該処分の利害関係人は教示を請求することができない。

3　行政庁は、不服申立てをすることができる処分を行う場合、それが口頭による処分であっても教示を行わなければならない。

4　再調査の請求ができない処分について、誤って再調査の請求ができる旨の教示が行われ、処分庁に再調査の請求がされた場合には、初めから正式な再調査の請求がされたものとみなされる。

5　処分庁が、不服申立てのできる処分について、誤って法定期間より長い期間を申立て期間として教示した場合、その教示された期間内に不服申立てがなされたとしても、本来の法定期間を過ぎていれば、その申立ては却下となる。

Key Point

行政庁が教示を怠った場合や誤って教示をした場合には、不服申立人の不利益にならないように定められている。

解説 審査請求ができる処分について、行政庁が申立てをすべき行政庁を誤ったり、審査請求と再調査の請求を取り違えて教示し、その誤った教示どおりに不服申立てがなされた場合、初めから適法に審査請求がなされたものとみなされる（行政不服審査法第22条）。

1 **正しい**。（行政不服審査法第83条1項）

2 **誤り**。利害関係人から教示を求められれば教示をしなければならない（行政不服審査法第82条2項）。

3 **誤り**。口頭による処分の場合、教示は義務付けられていない（行政不服審査法第82条1項）。

4 **誤り**。本問の教示が行われた場合、当該処分が審査請求可能な処分であれば、処分庁は、すみやかに再調査の請求書を審査庁となるべき行政庁に送付し、かつ、その旨を請求人に通知しなければならない。そして、当該請求書が審査庁となるべき行政庁に送付されたときは、初めから正式な**審査請求**があったものとみなされる（行政不服審査法第22条）。

5 **誤り**。本問の教示が行われた場合は、行政不服審査法第18条1項ただし書における「正当な理由」がある場合に該当し、却下とはならない。

正答 1

教示制度③

NO.115　教示制度に関する記述として、妥当なのは次のどれか。

(東京都管理職試験改題)

1　行政庁は、書面による処分であって不服申立てが許されない処分を行うときは、処分の相手方に対して不服申立てが許されないことについて教示しなければならない。

2　行政不服審査法に規定されている教示制度は他の法令に基づく不服申立てには適用されない。

3　行政庁は利害関係人から教示を求められた場合、必要な事項を教示しなければならないが、利害関係人が書面による教示を求めないのであれば、教示の方法は口頭でも書面でもよい。

4　行政庁が処分する際に審査請求をすることができると誤って教示したことにより審査請求をした者については、裁判所への取消訴訟の出訴期間は当該審査請求をした日から起算する。

5　行政庁が審査請求の審査庁を誤って教示した場合、審査請求人が教示された行政庁に審査請求書を提出したときは、提出を受けた行政庁から審査請求書が権限ある行政庁に送付された時点が審査請求がなされた時点とみなされる。

Key Point

教示を必要とする場合や教示すべき事項、教示の方法、行政庁が教示しなかった場合及び誤って教示した場合の救済について、行政不服審査法の条文を参照して正確に理解しておきたい。

解説 行政庁は、審査請求もしくは再調査の請求又は他の法令に基づく不服申立てをすることができる処分を書面でする場合には、処分の相手方に対し、当該処分につき不服申立てをすることができる旨並びに不服申立てをすべき行政庁及び不服申立てをすることができる期間を書面で教示しなければならない。

なお、処分を口頭で行う場合は、教示義務は生じない（行政不服審査法第82条）。

1　**誤り**。行政庁は、書面による処分であって不服申立てが許される処分を行うとき、当該処分について不服申立てができることについて教示しなければならない（行政不服審査法第82条1項）。

2　**誤り**。行政不服審査法の教示制度は他の法令の不服申立てにも適用されるため、一般的教示制度と呼ばれる。

3　**正しい**。（行政不服審査法第82条3項）

4　**誤り**。裁判所への取消訴訟の出訴期間は、当該審査請求に対する裁決があったことを知った日又は裁決の日から起算する（行政事件訴訟法第14条3項）。

5　**誤り**。初めから審査請求がされたものとみなされる（行政不服審査法第22条5項）。

正答　3

審査請求

NO.116 行政不服審査法に規定する審査請求に関する記述として、妥当なのはどれか。 **(特別区管理職試験出題)**

1　多数人が共同して審査請求をしようとするときは、3人を超えない総代を互選することができ、共同審査請求人に対する行政庁の通知その他の行為は、2人以上の総代が選任されている場合においても、1人の総代に対してすれば足りる。

2　審査請求は、代理人によってすることができ、その代理人は、各自、審査請求人のために、当該審査請求に関する一切の行為をすることができ、審査請求の取下げであっても特別の委任を必要としない。

3　処分についての審査請求は、処分があったことを知った日から起算して3か月を経過したときは、することができないが、正当な理由があるときは、この限りではない。

4　審査請求をすることができる処分につき、処分庁が誤って審査請求をすべき行政庁でない行政庁を審査請求をすべき行政庁として教示した場合において、その教示された行政庁に書面で審査請求がされたときは、当該行政庁は、速やかに審査請求書を審査請求人に送付しなければならない。

5　処分庁の上級行政庁又は処分庁である審査庁は、必要があると認める場合には、審査請求人の申立てにより、処分の効力、処分の執行又は手続の続行の全部又は一部の停止その他の措置をとることができるが、職権でそれらを行うことはできない。

Key Point

不服申立ての基本類型である審査請求は、行政不服審査法の核といえよう。請求から裁決まで、時系列にそって知識を整理するのが効率的と思われる。

平成26年の改正により、不服申立ての手続が審査請求に一元化された。

また、審査請求人の不服申立ての機会を保障することと審査請求に対応する行政運営上の合理的負担等とを勘案し、旧法の60日という主観的審査請求期間を3か月に延長するとともに、その例外について、国民の権利利益の救済の観点から、審査請求の機会を不当に奪うことのないようにするため、「やむをえない理由」から「正当な理由」に改正している。なお、客観的審査請求期間については、原則として1年間とする旧法の定めを維持している。

1　**正しい**。(行政不服審査法第11条5項)

2　**誤り**。審査請求の取下げは、手続を終結される重大な行為であり、共同審査請求人がそれぞれの判断によりすべきものであるため、総代が審査請求の取下げをすることはできないこととしている(行政不服審査法第11条3項)。

3　**誤り**。主観的審査請求期間は、「処分があったことを知った日の翌日から起算」する(行政不服審査法第18条1項)。民法の初日不算入の原則を確認的に明記している。

4　**誤り**。審査請求書が提出された行政庁は、速やかに、処分庁又は正しい審査請求先に審査請求書を送付するとともに、送付した旨を審査請求人に通知しなければならない(行政不服審査法第22条1項)。

5　**誤り**。処分庁の上級行政庁又は処分庁である審査庁は、当該処分に係る行政事務につき一般的に行政責任を有していることに照らし、審査請求人の申立てがあった場合に限らず、職権によっても、執行停止をすることができる(行政不服審査法第25条2項)。

正答　1

審理手続（審理員の指名）

NO.117　行政不服審査法における審理員の指名に関する記述として、妥当なのはどれか。

1　審査請求がされた行政庁は、審査庁に所属する職員の中から審理手続を行う者を指名するとともに、その旨を審査請求人及び処分庁等に通知しなければならない。

2　審査庁となるべき行政庁には、審理員となるべき者の名簿の作成及び適当な方法による公開が義務付けられている。

3　審査請求にかかる審理手続においては、原処分に関与しない審理員による公正審理の趣旨から、条例により審理員の指名を行わない旨の規定を置くことは、認められない。

4　審査請求の審理は、原則として審査庁が指名した審理員が行うことから、不適法であって補正することができないことが明らかな審査請求についても、審理員による却下の裁決が必要である。

5　審査庁は、簡易迅速な手続という観点から、再調査の請求を経て行う審査請求における審理員の指名に際しては、当該処分にかかる再調査の請求の決定に関与した者の中から選出することとする。

Key Point

審理員制度とは平成 26 年の行政不服審査法の改正により、新たに導入された制度である。審理員とは、自治体内部の裁判官のようなもので、処分庁等と審査請求人の間に入って、書面又は口頭でそれぞれの言い分を聞き、審査庁が行う裁決のベースとなる審理員意見書を作成する（NO.119 解説の図参照）。

解説　審査請求がされた審査庁は、審理手続を行う審理員を指名し、審査請求人及び処分庁等に通知しなければならない（行政不服審査法第９条１項）。審理手続の公正性の確保のため、以下に該当する者は審理員に指名することができない。

①審査請求に係る処分若しくは当該処分に係る再調査の請求についての決定に関与した者又は審査請求に係る不作為に係る処分に関与し、若しくは関与することとなる者
②審査請求人
③審査請求人の配偶者、４親等内の親族又は同居の親族
④審査請求人の代理人
⑤③、④であった者
⑥審査請求人の後見人、後見監督人、保佐人、保佐監督人、補助人又は補助監督人
⑦利害関係人（審査請求人以外の者で、原処分の根拠法令に照らし利害関係を有すると認められる者）

1　**正しい**。（行政不服審査法第９条１項）

2　**誤り**。審理員となるべき者の名簿の作成は努力義務である。ただし、作成した場合は適当な方法により公にしておかなければならない（行政不服審査法第17条）。

3　**誤り**。条例に基づく処分について、条例に特別の定めを設けた場合、審理員の指名を不要とすることができる（行政不服審査法第９条１項ただし書）。

4　**誤り**。審査請求が不適法であって補正することができないときは、審理手続きを経ないでする却下裁決（行政不服審査法第24条２項）に該当するため、審理員の指名は不要である（同法第９条１項ただし書）。また、裁決を行うのは審査庁である（同法第44条）。

5　**誤り**。再調査の請求に関与した者は指名できない（行政不服審査法第９条２項）。

正答　1

審理手続（審理員の権限）

NO.118　行政不服審査法における審理手続に関する記述として、妥当なのはどれか。

1　審理員は職権により証拠調べを行うことができ、参考人の陳述及び鑑定を要求する権限や必要な場所を検証する権限を有しているが、その権限は審理手続のみに限定されていることから、審査庁に対し、執行停止をすべき旨の意見書を提出することはできない。

2　行政不服審査法上、審査庁が当事者の主張しない事実を職権で取り上げ、その存否を調べることが認められているかどうかについて、明文の規定はないが、判例はこれを肯定している。

3　審理員は、迅速かつ公正に審理を行うため、必要があると認められる場合は、期日及び場所を指定して、審理関係人を招集し、あらかじめ意見の聴取を行わなければならない。

4　審理員は、審査関係人から提出書類等の閲覧又は写しの交付を求められた場合、これを拒むことはできない。

5　審査請求の審理は書面による審議が原則であることから、審査請求人又は参加人の申立てにより口頭意見陳述を実施するには、個別の法律の規定が必要である。

Key Point

審理員の権限及び審理手続の流れについて整理しておく必要がある。

解説　審理員は、審査請求人もしくは参加人の申立て又は職権で、以下の審理手続を行うことができる。

①物件の提出要求

②参考人の陳述及び鑑定の要求

③必要な場所の検証

④審理関係人への質問（行政不服審査法第 33 ～ 36 条）

また、審理員は、審査請求に係る事件について、審理すべき事項が多数であり又は錯綜しているなど事件が複雑であることその他の事情により迅速かつ公正な審理を行うため、審理手続を計画的に遂行する必要があると認める場合には、期日及び場所を指定して、審理関係人を招集し、あらかじめ、これらの審理手続の申立てに関する意見の聴取を行うことができる（行政不服審査法第 37 条）。

1　**誤り**。前段は正しい。後段が誤り。審理員は、必要があると認める場合には、審査庁に対し、執行停止をすべき旨の意見書を提出することができる（行政不服審査法第 40 条）。

2　**正しい**。「訴願庁がその裁決をなすに当たって職権を以ってその基礎となすべき事実を探知すべきことは勿論であり、必ずしも訴願人の主張した事実のみを斟酌すべきものということはできない」（最判昭 29.10.14）

3　**誤り**。意見の聴取は義務ではなく、**できる**規定である。

4　**誤り**。審理員は、「第三者の利益を害するおそれがあると認めるとき、その他正当な理由があるとき」はその求めを拒むことができる（行政不服審査法第 38 条 1 項）。

5　**誤り**。審査請求人又は参加人の申立てがあった場合には、審理員は当該申立人に口頭で審査請求に係る事件に関する意見を述べる機会を与えなければならない（行政不服審査法第 31 条 1 項）。

正答　2

審理手続（手続の流れ）

NO.119 行政不服審査法に規定する審査請求の審理手続に関する記述として、妥当なのはどれか。 **（特別区管理職試験改題）**

1　審査請求における口頭意見陳述では、全ての審理関係人を招集してさせるものとするが、申立人は、審査請求に係る事件に関し、処分庁等に対して、直接質問を発することはできない。

2　審理員は、審査請求人又は参加人の申立てにより、適当と認める者に、参考人としてその知っている事実の陳述を求めることはできるが、鑑定を求めることはできない。

3　審理員は、審査請求人又は参加人の申立てにより、審査請求に係る事件に関し、審査請求人又は参加人に質問することができるが、処分庁に質問することはできない。

4　審理員は、処分庁等が口頭意見陳述に参加できない場合は、聴取した審査請求人の主張を意見書に記録し、直ちに処分庁等に送付し、相当の期間を定めて弁明書の提出を求めなければならない。

5　審理員は、必要があると認める場合には、数個の審査請求に係る審理手続を併合し、又は併合された数個の審査請求に係る審理手続を分離することができる。

Key Point

審査庁、審理員及び審理関係人（審理請求人、参加人、処分庁等）の役割や関係について確認しておくこと。

審査請求の流れは下図のとおりである。

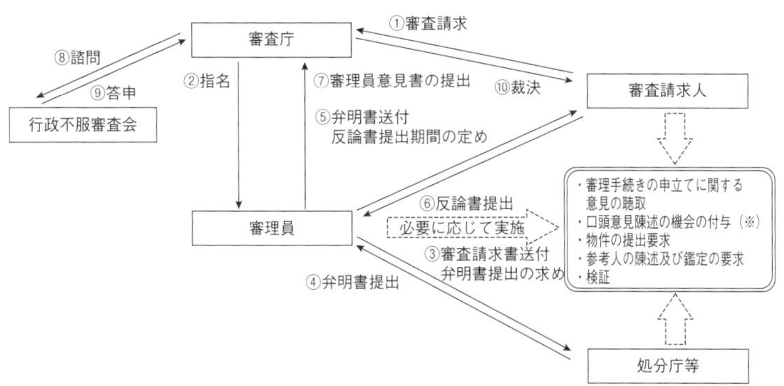

1　**誤り**。平成26年の行政不服審査法改正前は処分庁の出席義務はなく、処分庁に対して直接質問することはできなかったが、法改正によりそれらが可能となった(行政不服審査法第31条5項)。

2　**誤り**。審理員は、審査請求人若しくは参加人の申立てにより又は職権で、適当と認める者に、参考人としてその知っている事実の陳述を求め、又は鑑定を求めることができる（行政不服審査法第34条)。

3　**誤り**。審理員は、審査請求人若しくは参加人の申立てにより又は職権で、審査請求に係る事件に関し、審理関係人（審査請求人、参加人及び処分庁等）に質問することができる（行政不服審査法第36条)。

4　**誤り**。口頭意見陳述は全ての審理関係人を招集してさせるものとする（行政不服審査法第31条1項)。審理関係人には処分庁等も含まれるから処分庁等も参加しなければならない。

5　**正しい**。(行政不服審査法第39条)

正答　5

審理手続（請求人の権利）

NO.120 行政不服審査法に規定する審査請求の審理手続に関する記述として、妥当なのはどれか。　**（特別区管理職試験改題）**

1　参加人は、審査請求に係る事件に関する意見を記載した書面を提出することができ、審理員は、参加人から当該書面の提出があったときはこれを審査請求人及び処分庁等に、それぞれ送付しなければならない。

2　申立人は、口頭意見陳述において、審理員の許可を得て、補佐人とともに出頭することができるが、審査請求に係る事件に関し、処分庁等に対して、質問を発することは一切できない。

3　審査請求人、参加人又は処分庁等は、審理手続が終結するまでの間、審理員に対し、審理員が職権で所持人に対し提出を求めて提出された書類の閲覧を求めることができる。

4　審査請求人又は参加人の申立てがあった場合、申立人に口頭で意見を述べる機会を与えるかどうかは、審理員の裁量に委ねられている。

5　審査請求人は、審理が終結するまでの間、提出書類等の閲覧を求めることはできるが、写しの交付を求めることはできない。

Key Point

審理において効果的に主張立証が行われるよう、審査請求人又は参加人には口頭意見陳述権や提出書類等の閲覧・謄写請求権等が認められている。

審査請求人又は参加人は、審理手続が終了するまでの間、提出書類等の閲覧又は写し等の交付を求めることができる。この場合、審理員は「第三者の利益を害するおそれがあると認めるとき、その他正当な理由があるとき」でなければ、その求めを拒むことができない（行政不服審査法第38条1項）。

平成26年の改正前の行政不服審査法では閲覧請求権は認められていたが、謄写請求権は認められていなかった。また、閲覧・謄写請求の対象も処分庁からの提出物等に限られていた（改正後の行政不服審査法における閲覧・謄写請求の対象は審理員審理の基礎となった書類・物件等が広く含まれると解されている。）。

1　**正しい**。（行政不服審査法第30条2項及び3項）

2　**誤り**。平成26年の改正により申立人から処分庁等への質問権が保障された（行政不服審査法第31条5項）。

3　**誤り**。審理員が職権で所持人に対し提出を求めて提出された書類に限定せず、それ以外のものも含めて閲覧請求を認めている（行政不服審査法第38条1項）。

4　**誤り**。審査請求人又は参加人の申立てがあった場合には、審理員は、当該申立てをした者に口頭で審査請求に係る事件に関する意見を述べる機会を与えなければならない（行政不服審査法第31条1項）。

5　**誤り**。審査関係人は提出書類等の閲覧又は写しの交付を求めることができる（行政不服審査法第38条1項）。

正答　1

審理手続（審査請求の期間）

NO.121　行政不服審査法に規定する審理手続に関する記述として、通説に照らして妥当なのはどれか。**（特別区管理職試験改題）**

1　審査請求の審理は、原則として、審理員の職権で進められるが、審理員は、審査請求人及び参加人の主張しない事項について職権で審査することができず、これに基づいて決定することができない。

2　行政庁の処分を受けた者は、当該処分のあった日の翌日から起算して1年を経過したときは、正当な理由がある場合であっても、審査請求をすることができない。

3　審査請求の審理において、審理員は、審査請求人の申立てがある場合は、当該審査請求人に口頭で意見を述べる機会を与えることができるが、参加人の申立てがある場合であっても、当該参加人にその機会を与えることはできない。

4　利害関係人は、審理員の許可を得て、審査請求に参加することができるが、審理員は、利害関係人に対して審査請求に参加することを求めることはできない。

5　審査請求は、審査請求書を提出して行わなければならないが、他の法令に口頭で審査請求できる旨の定めがあれば、口頭での請求も可能である。

Key Point

審査請求の期間、書面主義、審理手続について理解しておくことが必要である。代表的な判例・通説にも目を通しておきたい。

解説 審査請求のできる期間は、処分のあったことを知った日の翌日から起算して3か月以内（当該処分について再調査の請求をしたときは、当該再調査の請求についての決定があったことを知った日の翌日から起算して1か月以内）とされている。ただし、正当な理由があるときは、この限りではない（行政不服審査法第18条）。

また、審査請求は、他の法律又は条例に口頭ですることができる旨の定めがある場合を除いて書面を提出して行わなければならない（行政不服審査法第19条）。

行政上の不服申立て

1 **誤り**。審理員は、審査請求人及び参加人の主張しない事項について職権で審査することができる（行政不服審査法第33条以下）。

2 **誤り**。正当な理由がある場合は、処分のあった日の翌日から起算して1年を経過しても、審査請求することができる（行政不服審査法第18条2項）。

3 **誤り**。参加人の申立てがある場合にも、口頭で意見を述べる機会を与えなければならない（行政不服審査法第31条1項）。

4 **誤り**。審理員は、利害関係人に対して審査請求に参加することを求めることができる（行政不服審査法第13条2項）。

5 **正しい**。口頭での審査請求も可能（行政不服審査法第19条1項）。口頭で審査請求する際は、請求者が審査請求書の記載事項を陳述し、陳述を受けた行政庁が録取した陳述内容を確認のうえ、押印することが必要になる（行政不服審査法第20条）。

正答 5

行政不服審査会等への諮問

NO.122　行政不服審査法における行政不服審査会等への諮問に関する記述として、妥当なのはどれか。

1　公正性及び国民救済手段の充実といった観点から、審査庁は審理手続の終結を受け、審理員から審理員意見書の提出があったときは、いかなる場合であっても行政不服審査会に諮問しなければならない。

2　行政不服審査会の委員は、審査会の権限に属する事項に関し公正な判断をすることができ、かつ、法律又は行政に関して優れた識見を有する者のうちから、両議院の同意を得て、内閣総理大臣が任命する。

3　地方公共団体は、執行機関の附属機関として、行政不服審査に係る諮問を行う第三者機関を常設しなければならない。

4　審査庁は裁決において主文が行政不服審査会等の答申書と異なる場合には、異なることとなった理由を裁決書に記載しなければならない。

5　行政不服審査会は諮問機関であるため、独自の調査権限を持たず、審査庁や審査請求人から資料の提出を求めることができない。

Key Point

平成 26 年の行政不服審査法の改正により、行政不服審査会等への諮問手続が導入され、審理手続の中立性・公正性の向上が図られた。

審査庁は、審理員から意見書の提出を受けたとき、一定の場合を除き、国にあっては行政不服審査会に、地方公共団体にあってはそこに設置される第三者機関に、審理員意見書及び事件記録の写しを添えて、諮問をしなければならない（行政不服審査法第43条）。

行政不服審査会等に独自の調査権限が認められているだけでなく、審査関係人にも行政不服審査会等に対する口頭意見陳述権や提出書類等の閲覧・謄写請求権等が認められており、審理手続の中立性・公平性を担保している（行政不服審査法第74条以下参照）。

1　**誤り**。個別の法律・条例で事前又は事後に第三者機関の関与手続が義務づけられており、実際に関与が行われた場合又は行う場合には、重ねて行政不服審査会に諮問することは不要とされている（行政不服審査法43条1項1号、2号。（宇賀『行政法概説Ⅱ』））。

2　**誤り**。行政不服審査会の委員の任命権者は総務大臣である（行政不服審査法第69条）。

3　**誤り**。地方公共団体においては、第三者機関の常設が不適当又は困難であるときは、条例で定めるところにより、事件ごとに第三者機関を置くこととすることができる（行政不服審査法第81条2項）。また、他の地方公共団体と共同設置することや、他団体への委託をなすことも可能である。

4　**正しい**。（行政不服審査法第50条1項4号括弧書き）

5　**誤り**。行政不服審査会及び地方に設置される第三者機関は必要があるときは、審査庁、審査請求人に書面の提出を求めることができる（行政不服審査法第74条）。

正答　4

審査請求に対する裁決①

NO.123　行政不服審査法に規定する審査請求に対する裁決に関する記述として、判例、通説に照らして妥当なのはどれか。

(特別区管理職試験改題)

1　審査請求を却下又は棄却した裁決が違法又は不当である場合においても、当該裁決に係る原処分が違法又は不当でない場合は、再審査庁は当該再審査請求を棄却する。

2　審査庁が不作為についての審査請求に理由があると認める場合には、当該審査庁は、法令に基づく申請に対応する行為を当該不作為庁に代わって行わなければならない。

3　審査庁は、処分についての審査請求に理由があると認める場合において、当該審査庁が処分庁の上級行政庁であるときは、当該処分を裁決で取り消すことができるが、当該処分を裁決で変更することはできない。

4　審査庁が不作為についての審査請求を理由がないと裁決で棄却した場合において、当該裁決に不服がある審査請求人は、当該審査庁の上級行政庁に対し、再審査請求を提起することができる。

5　審理員は、処分についての審査請求に対して行う審理の過程において、職権により、審査請求人又は処分庁が主張しない事実の存否を調査することができない。

Key Point

行政不服審査法は、行政庁の処分だけでなく、不作為に対する不服申立ても認めている。

不作為についての不服申立ては審査請求のみ認められている。その理由は以下のとおりである。すなわち、再調査の請求先は処分庁であるが、不作為状態にある処分庁に対して再調査の請求をしても実効性に乏しい。また、不作為についての審査請求における違法又は不当の判断時は審理手続の終結時であり、裁決後も不作為状態が続くのであれば、再度審査請求をすることが可能なので再審査請求を認める必要がない。

1　**正しい**。（行政不服審査法第64条3項）

2　**誤り**。審査庁は、不作為についての審査請求に理由があると認めるときは、不作為庁に対し速やかに申請に対する何らかの行為をすることを命ずる（行政不服審査法第49条3項）。

3　**誤り**。審査庁が、処分庁の上級行政庁であるときは、裁決で処分を変更することができる（行政不服審査法第46条1項）。

4　**誤り**。再審査請求は、原則として個別の法律（条例等は含まれない。）に再審査請求できる旨の定めがある場合にのみ許される（行政不服審査法第6条1項）。また、不作為についての不服申立てには、再審査請求の制度はない。

5　**誤り**。審理員は、審査請求人又は処分庁が主張しない事実の存否を調査することができる（行政不服審査法第33条等）。

正答　1

審査請求に対する裁決②

NO.124 行政不服審査法に規定する審査請求に対する裁決に関する記述として、判例、通説に照らして妥当なのはどれか。

（特別区管理職試験出題）

1　審査庁の裁決は、関係行政庁を拘束するので、原処分を適法と認めて審査請求を棄却する裁決があった場合、処分庁は、独自の審理判断に基づいて自ら原処分を取り消すことができない。

2　審査庁は、処分についての審査請求が法定の期間経過後にされたものである場合又は不適法である場合は、裁決で、その旨を宣言し、当該審査請求を棄却しなければならない。

3　審査庁は、処分庁の上級行政庁でない場合、事実行為を除く処分についての審査請求が理由があるときは、裁決で、当該処分の全部を取り消すことができるが、当該処分の一部を取り消すことができない。

4　審査庁は、処分庁の上級行政庁である場合、事実行為についての審査請求が理由があるときは、裁決で、処分庁に対し当該事実行為を変更すべきことを命じることができるが、当該請求人の不利益に当該事実行為を変更すべきことを命じることができない。

5　審査庁は、処分庁の上級行政庁である場合、不作為についての審理請求が理由があるときは、裁決で当該不作為庁に対し何らかの処分をすべきことを命じ、又は、審査庁自らが当該不作為に代わり当該不作為状態を解消する何らかの処分をしなければならない。

Key Point

処分庁の上級行政庁が審査庁の場合とそれ以外の場合について、どのような違いがあるのか正確に理解しておきたい。

処分庁は自らの処分の取消・変更を行うことができるのは当然であるが、審査庁であっても処分庁の上級行政庁であるならば、その指揮監督権を理由として処分の取消・変更が可能である（行政不服審査法第46条1項）。

処分についての審査請求に理由がある場合

・審査庁が処分庁の上級行政庁である場合…処分の取消又は変更が可能

・審査庁が処分庁の上級行政庁でない場合…処分の取消のみ可能

行政上の不服申立て

1　**誤り**。原処分を取消又は変更する裁決は、処分庁を拘束するが、原処分を適法と認めて審査請求を棄却する裁決があっても、処分庁は独自の審理判断に基づいて自ら原処分を取消又は変更することを妨げない（最判昭49.7.19）。

2　**誤り**。棄却ではなく、当該審査請求を却下しなければならない。

3　**誤り**。処分についての審査請求が理由があるときは、審査庁は、裁決で、当該処分の全部又は一部を取り消す（行政不服審査法第46条1項）。

4　**正しい**。（行政不服審査法第48条）

5　**誤り**。不作為についての審査請求が理由があるときは、審査庁は、当該不作為庁に対し、すみやかに申請に対するなんらかの行為をすべきことを命ずるとともに、裁決で、その旨を宣言する（行政不服審査法第49条3項）。

正答　4

審査請求に対する裁決③

NO.125　行政不服審査法に定める審査請求の裁決に関する記述として、妥当なのは次のどれか。　**（東京都管理職試験出題）**

1　審査庁は、処分が違法又は不当な場合、審査請求人の利益を保護するため必ず認容裁決をしなければならず、社会的利益のために請求を棄却することは認められない。

2　審査庁は、書面又は口頭のいずれの方法によっても裁決を行うことができるが、審査請求人から請求があったときは書面で行わなければならず、その場合は裁決書に理由を付記しなければならない。

3　審査庁は、処分庁の上級行政庁であるとき、認容裁決を行うにあたり、原処分を取り消す裁決のほか原処分を変更する裁決も行うことができるが、審査請求人の不利益に変更することはできない。

4　裁決は、拘束力と形成力を有するので、申請を却下又は棄却した処分が裁決で取り消されたときは、処分庁が改めて裁決の趣旨に従って申請に対する処分を行う必要はない。

5　裁決は、争訟手続に従って行われる紛争解決のための行為であるが、行政行為の一種なので、一般の行政行為と同様に裁決に瑕疵がある場合、審査庁はその裁決を取り消すことができる。

Key Point

審査請求の裁決には、却下裁決、棄却裁決、認容裁決がある。事情裁決をする場合は、審査庁は裁決で当該処分の違法又は不当であることを宣言しなければならない。

裁決の方式は文書で行い、記載要件が定められている。また、裁決の効力発生時期は、不服申立人への送達によって効力を生ずる。

不服申立てに理由があるときは、例外的に事情裁決をする場合のほかは、不服申立ては認容される。しかし、不服申立てに理由がある場合において、これを取消し又は撤廃することにより、公の利益に著しい障害を生ずる場合は、事情裁決により、請求を棄却できる。

処分に対する審査請求の認容では、処分庁の上級庁が審査庁として、請求に理由があることをもって、原処分の全部又は一部を取り消すほか、審査請求人の不利益にならない範囲内で処分の変更ができる。

裁決の方式は、書面によって行い、書面には裁決に対する判断を主文として掲げ、判断にいたった理由を明示し、審査庁の記名押印が必要である。

裁決の効力には、争訟の裁断行為の特殊性として、不可変更力、形成力、拘束力がある。

1　**誤り**。事情裁決により、棄却することができる(行政不服審査法第45条3項)。

2　**誤り**。裁決は書面で行い、かつ、理由を付すことが定められている（行政不服審査法第50条1項)。

3　**正しい**。(行政不服審査法第48条)

4　**誤り**。処分庁は裁決の趣旨に従い、改めて申請に対する処分をしなければならない（行政不服審査法第52条2項)。

5　**誤り**。裁決には不可変更力があり、明白な誤謬の訂正をする場合を除いては、裁決庁が裁決を取消し又は変更することはできない。

正答　3

執行停止

NO.126 行政不服審査法に規定する執行停止に関する記述として、妥当なのはどれか。　**（特別区管理職試験出題）**

1　処分庁の上級行政庁である審査庁は、必要があると認めるときは、職権で処分の効力、処分の執行又は手続の続行の全部又は一部の停止その他の措置をすることができる。
2　処分庁の上級行政庁以外の審査庁は、必要があると認めるときは、審査請求人の申立てにより、処分の効力又は処分の執行の全部又は一部の停止をすることができるが、この場合、当該審査庁は処分庁の意見を聴取する必要はない。
3　審査庁は、審査請求人の申立てがあった場合において、処分、処分の執行又は手続の続行により生じる重大な損害を避けるため緊急の必要があると認めるときは、必ず執行停止をしなければならない。
4　審査庁による処分の効力の停止は、処分の効力の停止以外の措置によって目的を達することができる場合であっても行うことができる。
5　審査庁は、執行停止をした後に、執行停止が公共の福祉に重大な影響を及ぼすことが明らかになった場合に限り、その執行停止を取り消すことができる。

Key Point

行政不服審査法上は、「執行不停止」が原則である。例外的に、執行停止の措置がとられる。

解説 執行停止（行政不服審査法第25条、26条）

〔措置〕

①審査庁が処分庁自身又は上級庁の場合

申立て又は職権で、処分の効力、処分の執行又は手続の続行の全部又は一部の停止その他の措置をすることができる。

②審査庁が上級庁以外の第三者的行政庁である場合

審査請求人の申立てがある場合に限り、処分庁から意見聴取した上で、全部又は一部の停止をすることができる（その他の措置をとることはできない。）。

〔執行停止を必ずしなければならない場合〕

審査請求人の申立てがあった場合で、処分等の続行により生じる重大な損害を避けるため緊急の必要があると認めるとき（損害の回復の困難の程度を考慮し、損害の性質・程度・処分の内容・性質をも勘案すること。）。

ただし、①執行停止によって、公共の福祉に重大な影響を及ぼすおそれがあるとき、②本案について理由がないとみえるときは、執行停止は不可。

〔執行停止の取消し〕

執行停止をした後において、①執行停止が公共の福祉に重大な影響を及ぼすことが明らかになったとき、②その他事情が変更したときは、審査庁は執行停止の取消しができる。

1　**正しい**。（行政不服審査法第25条2項）

2　**誤り**。処分庁の意見を聴取したうえで執行停止をすることができる（行政不服審査法第25条3項）。

3　**誤り**。公共の福祉に重大な影響を及ぼすおそれがあるとき等はこの限りではない（行政不服審査法第25条4項）。

4　**誤り**。他の措置によって目的を達することができるときは、処分の効力を停止することはできない（行政不服審査法第25条6項）。

5　**誤り**。設問の場合の他、その他事情が変更したときにも執行停止を取り消すことができる（行政不服審査法第26条）。

正答　1

行政上の不服申立て

行政事件訴訟の類型

NO.127 行政事件訴訟に関する記述として、妥当なのは次のどれか。　**(東京都管理職試験出題)**

1　行政事件訴訟は、法律関係の性質に着目したものであって、公法上の法律関係のみが抗告訴訟という訴訟形式で争いうるところに特徴があり、私法上の法律関係については、当事者訴訟をもって争いうる。

2　行政事件訴訟は、法律関係の性質に着目したものであって、公法上の当事者関係のみが抗告訴訟という訴訟形式で争いうるところに特徴があり、形式的行政処分によるときは抗告訴訟をもって争うことはできない。

3　行政事件訴訟は、法律関係の性質に着目するとともに、具体的な行政行為の形式の種類に応じて訴訟形式を区分しているところに特徴があり、私法関係における紛争解決を目的とした民事訴訟手続の準用を認めていない。

4　行政事件訴訟は、法律関係の性質に着目したものというよりは、行政行為という行政の行為形式を当事者訴訟という訴訟形式で争わせるところに特徴があり、形式的行政処分によるときは当事者訴訟をもって争うことができる。

5　行政事件訴訟は、法律関係の性質に着目したものというよりは、行政処分という権力的行為形式を抗告訴訟という訴訟形式で争わせるところに特徴があり、形式的行政処分によるときであっても抗告訴訟をもって争いうる。

Key Point

主観的訴訟と客観的訴訟といった行政事件訴訟の類型ごとの特性を理解しておく必要がある。主観的訴訟には抗告訴訟と当事者訴訟があり、性格の違いを抑えておく必要がある。

解説　行政事件訴訟の類型には、基本的人権その他一般に権利利益を確保し、保障することを目的とする**主観的訴訟**（田中『新版行政法（上）』）として、**抗告訴訟**と**当事者訴訟**がある。

抗告訴訟は、「行政庁の公権力の行使に関する不服の訴訟（行政事件訴訟法第3条1項）」をいい、権力的行為形式に着目した訴訟である。

当事者訴訟は、以下の2類型に分けられる。行政庁の行為形式と法律関係のそれぞれに着目したものといえる（行政事件訴訟法第4条）。

①形式的当事者訴訟……当事者間の法律関係を確認し又は形成する処分・裁決に関する訴訟で、法令の規定により、その法律関係の一方を被告とするもの

②実質的当事者訴訟……公法上の法律関係に関する確認の訴え
その他の公法上の法律関係に関する訴訟

1　**誤り**。当事者訴訟は、公法上の法律関係を争うものである。

2　**誤り**。公法上の当事者関係の争いは、当事者訴訟となる。また、形式的行政処分（実質上は公権力の行使に当たらないが、法令によって処分としての形式を与えられたもの）も判例で抗告訴訟の対象とされている（最判昭45.7.15）。

3　**誤り**。行政事件訴訟法に定めがない事項については、民事訴訟の例による（行政事件訴訟法第7条）とされている。

4　**誤り**。行政行為に関する訴訟のすべてが当事者訴訟というわけではない。また、形式的行政処分も判例で抗告訴訟の対象とされている（最判昭45.7.15）。

5　**正しい**。

正答　5

行政事件訴訟①

NO.128 行政事件訴訟法に規定する行政訴訟に関する記述として、妥当なのはどれか。 **(特別区管理職試験出題)**

1　民衆訴訟とは、国又は公共団体の機関の法規に適合しない行為の是正を求める訴訟で、法律に定める場合において、自己の法律上の利益に関わる資格で提起するものをいう。

2　民衆訴訟は、行政の客観的な公正の確保により国民の権利を救済することを目的とするため、法律上の争訟に該当し、公職選挙法に基づく選挙の効力に関する訴訟はその例である。

3　当事者訴訟のうち、公法上の法律関係に関する確認の訴えは、実質的当事者訴訟と呼ばれ、在外国民が選挙権を行使する権利を有することの確認等を請求した訴訟はその例である。

4　当事者訴訟のうち、形式的当事者訴訟は、客観的な法秩序の維持を目的とする客観訴訟であり、土地収用法に基づく収用委員会の裁決のうち損失補償額についての訴訟はその例である。

5　機関訴訟とは、国又は公共団体の機関相互間における権限の存否又はその行使に関する紛争についての訴訟をいい、法律に定めがない場合でも、国又は公共団体たる資格でこれを提起することができる。

Key Point

行政事件訴訟の法定類型は、抗告訴訟、当事者訴訟、民衆訴訟、機関訴訟の4つである。前二者は、国民の個人的権利利益の保護を目的とする主観的訴訟である。後二者は、客観的な法秩序の適正維持を目的とする客観的訴訟で、法令により例外的に提起できる(原田『行政法要論』)。

この問題では、行政事件訴訟法に規定する4つの訴訟類型の定義を整理することが重要。

抗告訴訟は、行政庁の公権力の行使に関する不服の訴訟である(行政訴訟法第3条)。法定されているのは、処分取消しの訴え、裁決取消しの訴え、無効等確認の訴え、不作為の違法確認訴訟、義務付けの訴え、差止めの訴えの6種類である。

当時者訴訟は、当事者間の公法上の法律関係に関する訴訟で、公権の主張を訴訟物としている。

機関訴訟は、行政組織内部の権限争議というべきものである。**民衆訴訟**は国民の個人的利害と関係なく、もっぱら行政の非違の是正を狙いとする訴訟である。いずれも行政の客観的な公正確保を求めるものである(原田『行政法要論』)。

1 **誤り**。民衆訴訟とは、国又は公共団体の機関の法規に適合しない行為の是正を求める訴訟で、選挙人たる資格その他自己の法律上の利益にかかわらない資格で提起するものをいう（行政事件訴訟法第3条)。

2 **誤り**。民衆訴訟は客観的な法秩序の適性維持を目的とする客観訴訟であるところ、国民の権利を救済することを目的とするのは主観訴訟の説明である。また、民衆訴訟は、法律に定める場合において、法律に定める者に限り、提起することができる（行政事件訴訟法第42条）ものであり、法律上の争訟に該当しない。

3 **正しい**。

4 **誤り**。形式的当事者訴訟は、当事者間の法律関係を確認し又は形成する処分・採決に関する訴訟（行政事件訴訟法第4条）であり、主観訴訟に分類される。

5 **誤り**。機関訴訟は、法律に定める場合において、法律に定める者に限り、提起することができる（行政事件訴訟法第42条)。

正答 3

行政事件訴訟

行政事件訴訟②

NO.129 行政事件訴訟法に規定する行政訴訟に関する記述として、妥当なのはどれか。 **(特別区管理職試験出題)**

1　不作為の違法確認の訴えは、行政庁が法令に基づく申請に対し、相当の期間内に何らかの処分をすべきであるにかかわらず、これをしないことの違法の確認を求める訴訟であり、処分についての申請をしたものでなくとも提起できる。

2　差止めの訴えは、行政庁が一定の処分又は裁決をすべきでないにかかわらず、これがされようとしている場合において、行政庁が当該処分又は裁決をしてはならない旨を命ずることを求める抗告訴訟である。

3　当事者訴訟のうち、公法上の法律関係に関する確認の訴えは、実質的当事者訴訟と呼ばれ、客観的な法秩序の維持のために、行政作用の適法性を担保することを目的とした客観訴訟である。

4　民衆訴訟は、国又は公共団体の機関の法規に適合しない行為の是正を求める訴訟で、自己の法律上の利益にかかわる資格で提起するものであり、法律に定める場合において提起できる。

5　機関訴訟は、国又は公共団体の機関相互間における権限の存否又はその行使に関する紛争についての訴訟であり、当然に法律上の訴訟に該当し、裁判所の権限に属する。

Key Point

行政事件訴訟法で定められている訴訟の種類は、①**抗告訴訟**、②**当事者訴訟**、③**機関訴訟**、④**民衆訴訟**の4つである。

このうち、抗告訴訟はさらに、①**処分の取消しの訴え**、②**裁決の取消しの訴え**、③**無効等確認の訴え**、④**不作為の違法確認の訴え**、⑤**義務付けの訴え**、⑥**差止めの訴え**がある。抗告訴訟と当事者訴訟は主観訴訟であり、機関訴訟と民衆訴訟は客観訴訟である。

解説　ここで、平成16年6月の行政事件訴訟法の主な改正点をまとめておく。

①義務付け訴訟の法定（第3条6項、第37条の2、第37条の3）
②差止訴訟の法定（第3条7項、第37条の4）
③取消訴訟の原告適格の実質拡大（第9条2項）
④抗告訴訟の被告適格の変更（第11条）
⑤抗告訴訟の管轄裁判所の拡大（第12条1項、4項）
⑥取消訴訟の出訴期間の延長（第14条1項）
⑦執行停止の要件の緩和（第25条2項、3項）
⑧教示制度の創設（第46条）

1　**誤り**。不作為の違法確認の訴えは、処分又は裁決についての申請をした者に限り、提起することができる（行政事件訴訟法第37条）。

2　**正しい**。

3　**誤り**。当事者訴訟は主観訴訟に分類される。

4　**誤り**。民衆訴訟は、選挙人たる資格その他自己の法律上の利益にかかわらない資格で提起するものである（行政事件訴訟法第5条）。機関訴訟とともに、個人の権利や利益とは必ずしも直接関係のない客観訴訟の類型に属する。

5　**誤り**。機関訴訟は、法律上の争訟にあたらず、法律に定める場合において、法律に定める者に限り、提起することができる（行政事件訴訟法第42条）。

正答　2

行政事件訴訟③

NO.130 行政事件訴訟に関する記述として、妥当なのは次のどれか。 **（東京都管理職試験出題）**

1　行政事件訴訟特例法が訴願前置主義を採用していたのを引き継ぎ、現行の行政事件訴訟法も、取消訴訟につき原則として審査請求前置主義を採用している。

2　取消訴訟の提起につき例外的に執行停止が認められる場合も、内閣総理大臣が異議を述べることができるが、この異議は裁判所が執行停止決定を行う前になされなければならない。

3　除名された議員が除名処分の取消しを求めた係争中に議員の任期を過ぎてしまった場合、もはや議員の身分を回復できないので、訴えの利益を欠くといえる。

4　不作為の違法確認の訴えを提起するには、違法な申請がなされていなければならない。

5　不作為の違法確認の訴えの要件である行政庁の不作為の相当期間経過とは、一般的に社会通念上申請を処理するに必要な期間の経過と解されている。

Key Point

行政事件訴訟法の性格としては、訴訟前置主義を廃したことが特徴である。また民事訴訟法に基づく仮処分を排除し、例外的に執行停止を認め、内閣総理大臣の異議制度により、裁判所の決定を拒否することができる。不作為違法確認訴訟は、行政の不作為状態の違法を確認し、事務処理の促進をはかることが目的で、処分又は裁決についての申請をした者に限り提起でき、出訴期間の制限はない。

解説　行政事件訴訟法では、旧特例法との相違点に**訴訟前置制度の廃止**がある。ただし、法律でこの制度を定めている場合は、これを経ることが必要である。取消訴訟は、法定抗告訴訟のうち、「処分取消しの訴え」と「裁決の取消しの訴え」の２種を指す。特に訴訟要件、対象、原告適格、判決の効力は、確認することが必要である。

行政事件訴訟法では、民事訴訟法に規定する仮処分を適用せず、**執行不停止を原則**としており、内閣総理大臣による異議はやむを得ない場合に限られている。

不作為違法確認訴訟における不作為の期間が相当であるか否かの判断は、個別的事案ごとに具体的事情等を考慮して、裁判所が認定する。

1　**誤り**。法律で定めのない限り、審査請求前置主義は適用されない。

2　**誤り**。内閣総理大臣が異議を述べる時期は、執行停止の前後を問わない。すでに執行停止の決定をしているときは、これを取り消すべきものとされている(行政事件訴訟法第27条１項)。

3　**誤り**。歳費請求権その他の権利利益については、処分が取り消されない限り裁判所に救済を求めることはできないから、行政事件訴訟法第９条かっこ書の「回復すべき法律上の利益を有する者」に該当する(最判昭40.4.28)。

4　**誤り**。「申請が適法であるか不適法であるか問わない」とされている(田中『新版行政法(上)』)が、法令により申請権を認められている者であっても、現実に申請をしなかったときは、この訴えを提起することはできない(行政事件訴訟法第37条)。

5　**正しい**。

正答　5

抗告訴訟①

NO.131 行政事件訴訟法に規定する抗告訴訟に関する記述として、妥当なのはどれか。 **(特別区管理職試験出題)**

1　義務付けの訴えは、行政庁が処分又は裁決をすべき旨を命ずることを求める訴訟をいい、行政庁に対し一定の処分又は裁決を求める旨の法令に基づく申請又は審査請求がされた場合において、当該行政庁がその処分又は裁決をすべきであるにかかわらず、これがされないときに限り、提起することができる。

2　裁決の取消しの訴えは、審査請求その他の不服申立てに対する行政庁の裁決、決定その他の行為の取消しを求める訴訟をいい、当該裁決等の取消しを求めるにつき法律上の権利を有する者は、自己の法律上の利益に関係のない違法を理由として取消しを求めることができる。

3　差止めの訴えは、行政庁が一定の処分又は裁決をすべきでないにかかわらずこれがされようとしている場合において、行政庁がその処分又は裁決をしてはならない旨を命ずることを求める訴訟をいい、当該処分又は裁決がされることにより重大な損害を生ずるおそれがない場合であっても提起することができる。

4　不作為の違法確認の訴えは、行政庁が法令に基づく申請に対し、相当の期間内に何らかの処分又は裁決をすべきであるにかかわらず、これをしないことについての違法の確認を求める訴訟をいい、処分又は裁決についての申請をした者に限り、提起することができる。

5　無効等確認の訴えは、処分又は裁決の無効等の確認を求めるにつき法律上の利益を有する者であれば、当該処分若しくは裁決の存否又はその効力の有無を前提とする現在の法律関係に関する訴えによって目的を達することができる場合であっても提起することができる。

Key Point

抗告訴訟の対象や手続に関する問題は頻出分野である。
①対象には、公権力の行使にあたる事実行為が含まれる。
②判決の効力が第三者にも及ぶ。
③第三者の申立てによる訴訟参加。
こうした基本的事項は理解しておく必要がある。

解説　抗告訴訟は、「行政庁の公権力の行使に関する不服の訴訟」（行政事件訴訟法第3条1項）の総称であり、以下の6類型がある。

抗告訴訟の6類型

①処分の取消しの訴え
②裁決の取消しの訴え
③無効等確認の訴え
④不作為の違法確認の訴え
⑤義務付けの訴え
⑥差止めの訴え

1　**誤り**。義務付けの訴えは、法令に基づく申請又は審査請求がされた場合でなくとも、行政庁が一定の処分をすべきであるにかかわらずこれがされないときにも提起することができる（行政事件訴訟法第3条6項）。

2　**誤り**。取消訴訟においては、自己の法律上の利益に関係のない違法を理由として取消しを求めることができない（行政事件訴訟法第10条）。

3　**誤り**。差止めの訴えは、一定の処分又は裁決がされることにより重大な損害を生ずるおそれがある場合に限り、提起することができる（行政事件訴訟法第37条の4）。

4　**正しい**。

5　**誤り**。無効等確認の訴えは、当該処分若しくは裁決の存否又はその効力の有無を前提とする現在の法律関係に関する訴えによって目的を達することができないものに限り、提起することができる（行政事件訴訟法第36条）。

正答　4

抗告訴訟②

NO.132 抗告訴訟に関する記述として、行政事件訴訟法上、妥当なのはどれか。

1　処分の取消訴訟は、自己の法律上の利益に関係する違法だけでなく、第三者の法律上の利益に関係する違法を理由として、提起することができる。

2　無効確認の訴えは、行政庁の処分若しくは裁決の存否又はその効力の有無の確認を求める訴訟である。

3　抗告訴訟を審理している裁判所は、処分庁以外の行政庁を訴訟に参加させるときは、当事者又はその行政庁の申立てによらなければならず、職権でそれを行うことはできない。

4　不作為の違法確認の訴えは、行政庁が、法令に基づく申請に対し相当の期間内に何らかの処分をなすべきであるという作為義務の確認を求める訴訟である。

5　処分又は採決の取消訴訟を提起する場合は、処分又は裁決をした行政庁が被告となり、国又は公共団体が被告となることがない。

Key Point

平成16年の行政事件訴訟法の改正により、被告適格が原則として処分又は裁決をした行政庁の所属する国又は公共団体となったので注意が必要である。

解説 訴えの利益は、主観的側面と客観的側面から考察される。主観的側面は訴訟の原告となり得る要件で、処分の取消しを求めるにつき、法律上の利益を有することである。客観的側面は処分が取り消された場合に、現実に法律上の利益の回復が得られる状態にあることである。

取消訴訟の審理では、職権主義に特色があり、当事者の主張、立証のみにとらわれず、職権証拠調べ、職権による第三者又は行政庁の訴訟参加を認めている。

訴訟要件としては、①行政庁の処分の存在、②原告適格を有する者が処分の違法性を主張すること、③被告適格を有する行政主体を被告とすること、④裁判管轄権を有する裁判所に訴えを提起すること、⑤法律に審査請求前置の定めがある場合は、それを経由すること、⑥法定期間内の出訴であること、⑦一定形式の訴状をもって訴えを提起することの７つの要件が求められる。

また、不作為違法確認訴訟では、国民が法の定めるところにより、許認可等を申請したのに、行政庁が不相当に長期にわたり諾否の決定をせず申請を放置している場合に、その不作為状態の違法を確認し、事務処理の促進を図ることを目的とする（原田『行政法要論』）。

1　**誤り**。処分の取消訴訟は、第三者の法律上の利益に関する違法を理由としては提起できない（行政事件訴訟法第10条１項）。

2　**正しい**。

3　**誤り**。裁判所は、職権で処分庁以外の行政庁を訴訟に参加させることができる（行政事件訴訟法第23条１項）。

4　**誤り**。作為義務の確認を求める訴訟ではなく、違法の確認を求める訴訟である（行政事件訴訟法第３条５項）。

5　**誤り**。取消訴訟の被告は、原則として処分又は裁決をした行政庁の所属する国又は公共団体である（行政事件訴訟法第11条１項）。

正答　2

抗告訴訟③

NO.133 抗告訴訟に関する記述として、妥当なのはどれか。

（東京都主任試験出題）

1　行政事件訴訟は、主観訴訟と客観訴訟の2つの類型に区分され、抗告訴訟は当事者訴訟とともに主観訴訟に区分される。

2　抗告訴訟は、国又は公共団体の機関の法規に適合しない行為の是正を求める訴訟で、自己の法律上の利益にかかわらない資格で提起するものである。

3　行政事件訴訟法は、抗告訴訟として、不作為の違法確認の訴えや機関訴訟など訴訟類型を5つ定めている。

4　抗告訴訟のうち取消訴訟は、行政庁の処分若しくは裁決の存否又はその効力の有無の確認を求める訴訟である。

5　抗告訴訟のうち無名抗告訴訟には、義務づけ訴訟と差止訴訟があり、無名抗告訴訟は、行政事件訴訟の中で最も中心的な訴訟形式である。

Key Point

抗告訴訟は、行政行為その他行政庁の公権力の行使にかかわる行為又は不行為により権利利益を侵害された者が、その行為・不行為の適否を争って違法状態を排除し、法的回復を求める訴訟である。当事者訴訟とともに、主観訴訟に分類される。行政事件訴訟の中核をなす訴訟形式であり、具体的形態として、①処分の取消訴訟②裁決の取消訴訟③無効等確認の訴え④不作為の違法確認の訴え⑤義務づけ訴訟⑥差止訴訟が法律で定められている。なお、①と②をもって取消訴訟といわれる。

解説　抗告訴訟は、行政庁の行為・不行為の適否を争うもので、次の６つが法定された分類である。

①処分の取消しの訴え……行政庁の処分その他権力の行使に当たる行為の取消しを求める訴訟

②裁決の取消しの訴え……不服申立てに対する行政庁の裁決その他の行為の取消しを求める訴訟

③無効等確認の訴え……処分若しくは裁決の存否又はその効力の有無の確認を求める訴訟

④不作為の違法確認訴訟……行政庁が法令に基づく申請に対し、相当の期間内になんらかの処分又は裁決をすべきにかかわらず、これをしないことについての違法の確認を求める訴訟

⑤義務づけ訴訟……行政庁が一定の処分をすべきであるにかかわらずこれがされないときや、行政庁に対し一定の処分又は裁決を求める旨の法令に基づく申請又は審査請求がされた場合において、当該行政庁がその処分又は裁決をすべきであるにかかわらずこれがされない場合において、行政庁がその処分又は裁決をすべき旨を命ずることを求める訴訟

⑥差止訴訟……行政庁が一定の処分又は裁決をすべきでないにかかわらずこれがされようとしている場合において、行政庁がその処分又は裁決をしてはならない旨を命ずることを求める訴訟

機関訴訟は、行政機関間における権限の存否又は行使についての紛争の解決を求める訴訟である。

民衆訴訟は、行政機関の法規に適合しない行為の是正を求めるもので、選挙人たる資格その他自己の法律上の利益にかかわらない資格で提起する訴訟である。

1　**正しい**。取消訴訟の原告適格を有するのは、当該処分によって自己の権利や法律上の利益を侵害された者に限られる。

2　**誤り**。選択肢は、民衆訴訟（行政事件訴訟法第５条）の説明である。民衆訴訟の例としては、公職選挙法に規定する選挙の効力に関する訴訟、当選の効力に関する訴訟、地方自治法に定める住民訴訟等がある。

3　**誤り**。抗告訴訟で法定されているものは６種である。

4　**誤り**。選択肢は、無効等確認の訴えの説明である。

5　**誤り**。平成16年の行政事件訴訟法の改正により、義務づけ訴訟と差止訴訟は法定の抗告訴訟となった。

正答　1

抗告訴訟④

NO.134 次の訴訟のうち、法定抗告訴訟に属さないものはどれか。

1　法令に基づく申請に対する行政庁の不作為に対して、行政庁が一定の処分を行うべき義務の確認を求める訴訟
2　法令に基づく申請に対する行政庁の相当期間内の不作為に対して、行政庁による当該不作為の違法の確認を求める訴訟
3　法令に基づく申請に対する行政庁の棄却処分に対して、当該処分を申請に対する認容処分に変更することを求める訴訟
4　行政庁の処分に先立ち、行政庁による違法な侵害行為を事前に防止すべく行政庁の処分権不存在の確認を求める訴訟
5　行政庁の処分に先立ち、行政庁による違法な侵害行為を事前に防止すべく行政庁の処分禁止を求める訴訟

Key Point

抗告訴訟とは、行政行為その他行政庁の公権力の行使に関する不服の訴訟。行政事件訴訟法では、次の 6 つが定められている。

①処分取消訴訟（第 3 条 2 項）
②裁決取消訴訟（第 3 条 3 項）
③無効等確認訴訟（第 3 条 4 項）
④不作為の違法確認訴訟（第 3 条 5 項）
⑤義務付け訴訟（第 3 条 6 項）
⑥差止訴訟（第 3 条 7 項）

解説

抗告訴訟
- 法定抗告訴訟：①②③④⑤⑥
- 無名抗告訴訟（法定外の抗告訴訟）

①**処分取消訴訟**……行政行為その他行政庁の公権力の行使にあたる行為によって不利益を受けるものが、その取消しを求める訴訟
例　営業停止処分の取消しを求める訴え
②**裁決取消訴訟**……不服申立てに対する行政庁の裁決その他の行為の取消しを求める訴訟
③**無効等確認訴訟**……処分もしくは裁決の存否またはその効力の有無の確認を求める訴訟
④**不作為の違法確認訴訟**……行政庁が法令に基づく申請に対し、相当期間内になんらかの処分または裁決をすべきにもかかわらず、これをしないことについての違法の確認を求める訴訟
⑤**義務付け訴訟**……公権力の行使を求める訴訟
⑥**差止訴訟**……公権力の行使による不利益の排除を求める訴訟

1　**誤り**。これは義務付け訴訟である(行政事件訴訟法第3条6項)。
2　**誤り**。不作為の違法確認訴訟である(行政事件訴訟法第3条5項)。
3　**正しい**。このような法定抗告訴訟は存在しない。
4　**誤り**。差止訴訟である(行政事件訴訟法第3条7項)。
5　**誤り**。差止訴訟である(行政事件訴訟法第3条7項)。

正答　3

事情判決

NO.135 行政事件訴訟法に規定する事情判決（特別の事情による請求の棄却判決）に関する記述として、妥当なのはどれか。

（特別区管理職試験出題）

1　事情判決が確定した場合、処分の違法性について既判力が生じるので、被告行政庁は、後訴の国家賠償訴訟において、当該処分が適法であることの主張ができない。

2　事情判決に不服がある場合、請求を棄却された原告からは上訴することができるが、訴えの利益を欠く被告行政庁からは上訴することができない。

3　事情判決をするに当たって裁判所が考慮しなければならない事情には、原告及び被告行政庁の事情が含まれるが、処分を受けた起業者などの第三者の事情は含まれない。

4　事情判決は、法定抗告訴訟においては、取消訴訟及び不作為違法確認訴訟に限り認められており、無効等確認訴訟には認められていない。

5　事情判決をする場合、裁判所は、終局判決前に、判決をもって、処分または裁決が違法であることを宣言しなければならない。

Key Point

処分の違法事由があれば、原則、取消判決がなされる。しかし取り消すことにより、公の利益に著しい障害が生ずるときは、裁判所は請求を棄却できる。これを事情判決という（行政事件訴訟法第31条）。

判決の種類

訴訟要件を満たすか？ → 満たさない → 却下

請求に理由があるか？ → ない → 請求棄却判決

公益に著しい障害を生ずるか？ → 生ずる → 事情判決

事情判決は、原告の取消請求を棄却するが、その他の救済を認めていないわけではない。事情判決を行う場合には、「判決の主文において、処分または裁決が違法であることを宣言しなければならない」（行政事件訴訟法第31条）。

さらに「裁判所は、相当と認めるときは、終局判決前に、判決をもって、処分又は裁決が違法であることを宣言することができる」としている。

また、判決で違法宣言がなされた場合は、当然、損害の賠償等を請求することができる。

行政事件訴訟

1　**正しい**。

2　**誤り**。被告側も違法宣言に不服があれば、上訴できる。

3　**誤り**。第三者の事情も含まれる。

4　**誤り**。取消訴訟に限り認められている。

5　**誤り**。宣言することができるとしている（行政事件訴訟法第31条２項）。

正答　1

民衆訴訟

NO.136 次の訴訟A～Eのうち、行政事件訴訟法に規定する民衆訴訟に該当するものを選んだ組合せとして、妥当なのはどれか。

(特別区管理職試験出題)

A　最高裁判所裁判官国民審査法に基づく最高裁判所裁判官の国民審査に関する審査無効の訴訟

B　土地収用法に基づく収用委員会の裁決のうち損失補償に関する訴訟

C　公職選挙法に基づく地方公共団体の長の選挙の効力に関する審査申立てについての裁決に対する訴訟

D　地方自治法に基づく地方公共団体の議会における選挙の違法性の審査申立てについての裁定に対する訴訟

E　行政事件訴訟法に基づく納税者が自己の法律上の利益にかかわる資格で提起する課税処分に対する無効確認を求める訴訟

1　A　C
2　A　D
3　B　D
4　B　E
5　C　E

Key Point

民衆訴訟とは、国または公共団体の機関の法規に適合しない行為の是正を求める訴訟で、選挙人たる資格その他自己の法律上の利益にかかわらない資格で提起するものをいう(行政事件訴訟法第5条)。法律に定める場合において、法律に定める者に限り提起できる(行政事件訴訟法第42条)。

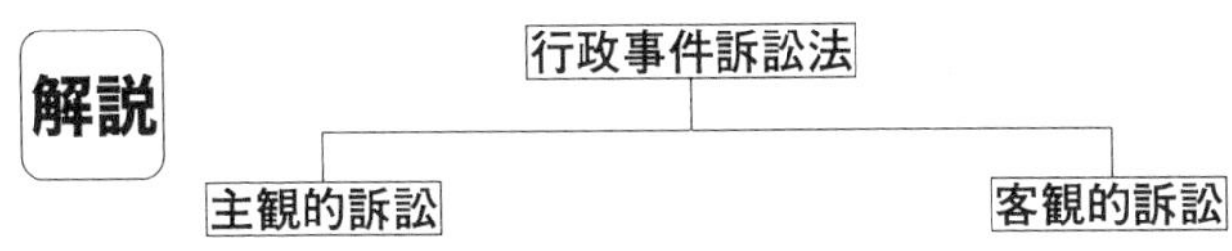

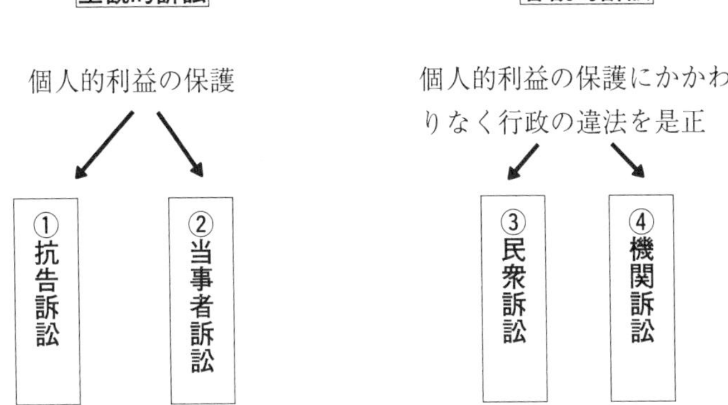

① 抗告訴訟……行政行為の適否を争う

② 当事者訴訟…市民と行政が権利関係を争う

③ 民衆訴訟……行政機関の違法な行為の是正を求める

④ 機関訴訟……行政機関相互の争い

A　民衆訴訟の例である。

B　当事者訴訟の例である。

C　民衆訴訟の例である。

D　機関訴訟の例である。

E　抗告訴訟の例である。

正答　1

当事者訴訟と民衆訴訟

NO.137 行政事件訴訟法に定める当事者訴訟又は民衆訴訟に関する記述として、妥当なのはどれか。 **(東京都管理職試験出題)**

1　当事者訴訟の例として土地収用法上の損失補償の訴えがあり、土地収用の当事者である土地所有者が損失補償額に不服がある場合は、裁決をした収用委員会を被告として訴訟を提起することができる。

2　当事者訴訟のうち公法上の法律関係に関する訴訟は、権利主体間の訴訟であり、原則として民事訴訟の例によることとされており、訴額により簡易裁判所又は地方裁判所に出訴することができる。

3　民衆訴訟では、取消訴訟とは異なり、原告となる者は自己の権利利益を侵害された者ではないので、民衆訴訟において取消訴訟に関する規定を準用することは認められていない。

4　民衆訴訟は、法律に規定のある場合に限り訴訟の提起ができるもので、法律上の争訟にあたり、民衆訴訟の例として地方自治法に定める議会の議決に関する議会と長の間の訴訟があげられる。

5　民衆訴訟は、国又は公共団体の機関の法規に適合しない行為の是正を求める訴訟で、法規の正しい適用を確保し、法規範の維持に資することを目的とするものであり、民衆訴訟の例として地方自治法上の住民訴訟があげられる。

Key Point

当事者訴訟とは、①当事者間の法律関係を確認し又は形成する処分又は裁決に関する訴訟で、法令の規定によりその法律関係の当事者の一方を被告とするもの、及び②公法上の法律関係に関する確認の訴えその他の公法上の法律関係に関する訴訟をいう（行政事件訴訟法第4条）。①は形式的当事者訴訟、②が実質的当事者訴訟。

＜　例　＞

形式的当事者訴訟
- ・土地収用法に基づく損失訴訟
- ・特許無効審判および訂正無効の審判の審決に対する訴訟

実質的当事者訴訟
- ・国家公務員が使用者たる国を相手として給与の支払いを請求する訴訟
- ・公務員の地位身分の確認訴訟
- ・租税の過誤納による不当利得返還請求訴訟
- ・形式的当事者訴訟以外の公法上の損失補償を求める訴訟

民衆訴訟
- ・選挙無効訴訟、当選無効訴訟
- ・住民訴訟

1　**誤り**。被告は収用委員会ではない。被告になるのは、法律関係の当事者の一方(この場合は起業者など) である。

2　**誤り**。権利主体間の訴訟は機関訴訟である。公法上の法律関係に関する訴訟は、争いのある公法上の法律関係そのものを訴訟物とする訴訟のことである。

3　**誤り**。民衆訴訟で処分または裁決の取消しを求めるものについては、取消訴訟に関する規定を準用することと定められている(行政事件訴訟法第43条1項)。

4　**誤り**。前段は正しい(行政事件訴訟法第42条)。地方自治法に定める議会の議決に関する議会と長の間の訴訟は機関訴訟である。

5　**正しい**。

正答　5

民衆訴訟と機関訴訟

NO.138 行政事件訴訟法に定める民衆訴訟又は機関訴訟に関する記述として、妥当なのは次のどれか。

（東京都管理職試験出題）

1　民衆訴訟は、法律上の争訟に該当し、国民が行政庁の公権力の行使に関して不服がある場合に選挙人たる資格によって訴訟を提起するものであり、住民訴訟とも呼ばれる。

2　民衆訴訟は、権利主体が対等の立場で権利関係を争う訴訟であり、その権利関係は公法関係に属するが、訴訟の基本的な構造については通常の民事訴訟と異なるところはない。

3　機関訴訟は、国又は公共団体の機関の法規に適合しない行為の是正を求める訴訟であり、国民は自己の法律上の利益にかかわらない資格で任意に訴訟を提起することができる。

4　民衆訴訟及び機関訴訟は、法律上の争訟には該当せず、国民の権利利益の保護救済を目的とした主観的訴訟に属するものであり、判決の効力は第三者に対しては及ばない。

5　民衆訴訟及び機関訴訟は、立法政策上認められた客観的訴訟の性質を有するものであり、法律に定める場合において法律に定める者に限って訴訟を提起することができる。

Key Point

行政事件訴訟には、国民の個人的利益の保護を目的とする主観的訴訟（抗告訴訟、当事者訴訟）と客観的な法秩序の維持を目的とする客観的訴訟（民衆訴訟、機関訴訟）がある。後者は法律上の争訟には該当せず、「法律に定める場合において、法律に定める者に限り、提起することができる」（行政事件訴訟法第42条）。

解説

民衆訴訟……「国又は公共団体の機関の法規に適合しない行為の是正を求める訴訟で、選挙人たる資格その他自己の法律上の利益にかかわらない資格で提起するものをいう」(行政事件訴訟法第５条)

➡ 個人的利害と関係なく、行政の非違の是正が目的。
＜民衆訴訟の例＞選挙無効訴訟、当選無効訴訟、住民訴訟。

機関訴訟……「国又は公共団体の機関相互間における権限の存否又はその行使に関する紛争についての訴訟をいう」(行政事件訴訟法第６条)

➡ 本来は行政組織の内部で自ら解決すべきものであるが、特に法律で訴訟の提起を認めたもの。
＜機関訴訟の例＞地方公共団体の議会の議決または選挙に関する訴訟、国の関与に関し地方公共団体の機関がその取消しを求める訴訟、法定受託事務の執行を求める訴訟など。

1　**誤り**。民衆訴訟は、法律上の争訟には該当しない。住民訴訟は、民衆訴訟の一例である。

2　**誤り**。これは当事者訴訟の説明である。

3　**誤り**。これは民衆訴訟の説明である。

4　**誤り**。民衆訴訟と機関訴訟は、個人の権利や利益とは必ずしも直接的に関係ないので、法律上の争訟ではない。法規の正しい適用を確保し、法規範の維持に資することを目的とする客観的訴訟である。

5　**正しい**。

正答　5

取消訴訟

NO.139 行政事件訴訟法に定める取消訴訟に関する記述として、妥当なのはどれか。 **(東京都主任試験出題改題)**

1　原告適格について、近年の判例は、原告が、処分の根拠となった法律の規定が保護する利益を有しているかという要素のみにより判断し、根拠法律の目的や関連法規が保護する利益を有しているか否かについては考慮しない傾向にある。

2　取消訴訟は、当該処分又は裁決の取消しを求めるにつき法律上の利益を有する者であるか否かを問わず、誰でも提起することができる。

3　取消訴訟は、正当な理由があれば、処分又は裁決の日から1年を経過したときであっても、提起することができる。

4　取消訴訟の審理においては弁論主義が基本となるため、裁判所は、職権で証拠調べをすることが一切認められていない。

5　処分の取消しの訴えは、基本的に処分庁の権限行使の適否を問うものではなく、原告と国や地方公共団体などの行政主体との間の権利義務の存否を問うものであり、被告適格は、行政主体ではなく処分庁が有する。

Key Point

取消訴訟は、行政の違法を是正することによって個人が被った不利益を回復させようとするものである。訴訟要件は、客観的訴訟要件として、①管轄裁判所（第12条)、②出訴期間（第14条)、③不服申立前置主義との関係（第8条)、④被告適格（第11条)、⑤教示（第46条)、主観的訴訟要件として、①処分性（第3条2項･3項)、②原告適格（第9条)、③狭義の訴えの利益（第9条）がある。

原告適格を有する者（取消訴訟の原告となることのできる者）は、当該処分又は裁決の取消しを求めることについて**「法律上の利益」を有する者**でなければならない（行政事件訴訟法第9条1項）。

最高裁判所は、「法律上の利益」の解釈をめぐり、実質的には、原告適格の範囲を拡大する内容の判決を示す傾向にあった〔新潟空港訴訟（最判平元.2.17）、もんじゅ訴訟（最判平4.9.22）〕。

平成16年の行政事件訴訟法の改正では、これまでの判例の流れを受けた「法律上の利益」の解釈規定として、第9条2項が新設された。

第9条2項では、法律上の利益の有無を判断するに当たっては、当該処分又は裁決の根拠法令規定の文言のみによることなく、当該法令の趣旨及び目的並びに当該処分で考慮されるべき利益の内容及び性質を考慮するものとされ、更に次の内容を規定している。

①当該法令の趣旨及び目的を考慮するに当たっては、当該法令と目的を共通にする関係法令があるときはその趣旨及び目的をも参酌すること。

②当該利益の内容及び性質を考慮するに当たっては、当該処分又は裁決がその根拠となる法令に違反してされた場合に害されることとなる利益の内容及び性質並びにこれが害される態様及び程度をも勘案すること。

1　**誤り**。（行政事件訴訟法第9条2項）

2　**誤り**。取消訴訟は、当該処分又は裁決の取消しを求めるにつき法律上の利益を有する者に限り、提起することができる（行政事件訴訟法第9条1項）。

3　**正しい**。（行政事件訴訟法第14条2項）

4　**誤り**。裁判所は、必要があると認めるときは、職権で、証拠調べをすることができる（行政事件訴訟法第24条）。

5　**誤り**。取消訴訟は処分をした行政庁、裁決をした行政庁の所属する国又は公共団体を被告として提起しなければならない（行政事件訴訟法第11条1項）。

正答　3

取消訴訟の手続

NO.140　行政事件訴訟法に規定する取消訴訟に関する記述として、妥当なのはどれか。　**(特別区管理職試験出題)**

1　取消訴訟は、被告の普通裁判籍の所在地を管轄する裁判所の管轄に属するが、国を被告とする取消訴訟の場合には、原告の普通裁判籍の所在地を管轄する高等裁判所の所在地を管轄する地方裁判所にも、提起することができる。

2　取消訴訟において、原告が故意又は重大な過失により被告とすべき者を誤ったときであっても、裁判所は、原告の申立てにより、決定をもって、被告を変更することができ、その決定は書面でするものとする。

3　裁判所は、取消訴訟の目的たる請求を当該処分に係る事務の帰属する国に対する損害賠償その他の請求に変更することが相当であると認めるときは、職権により、訴えの変更をすることができる。

4　裁判所は、訴訟の結果により権利を害される第三者があるときは、当事者又はその第三者の申立てにより、決定をもって、その第三者を訴訟に参加させることができるが、あらかじめ、当事者及び第三者の意見をきく必要はない。

5　取消訴訟において、執行停止の決定が確定した後に、その理由が消滅し、その他事情が変更したときは、裁判所は、職権で執行停止の決定を取り消すことができる。

Key Point

取消訴訟では、裁判所の管轄のほか、被告を誤った訴えの救済としての被告の変更、損害賠償請求等への訴えの変更、請求の客観的併合、共同訴訟、第三者や原告による請求の追加的併合、第三者や行政庁の訴訟参加、事情変更による執行停止の取消しなどについても規定している。

解説　**裁判所の管轄**は、被告の普通裁判籍の所在地を管轄する裁判所又は処分若しくは裁決を行った行政庁の所在地を管轄する裁判所であるが、国又は独立行政法人等を被告とする場合には、原告の普通裁判籍の所在地を管轄する高等裁判所の所在地を管轄する地方裁判所（特定管轄裁判所）にも提起することができる（行政事件訴訟法第12条1項・4項）。

訴えの変更について、裁判所は、取消訴訟の目的たる請求を当該処分又は裁決に係る事務の帰属する国等に対する損害賠償その他の請求に変更することが相当であると認めるときは、請求の基礎に変更がない限り、口頭弁論の終結に至るまで、原告の申立てにより、決定をもって行うことができる（行政事件訴訟法第21条1項）。訴えの変更を決定するには、あらかじめ、当事者及び損害賠償その他の請求に係る訴えの被告の意見をきかなければならない（行政事件訴訟法第21条3項）。

第三者の訴訟参加を設けた趣旨は、①取消判決には第三者効力（行政事件訴訟法第32条）及び拘束力（行政事件訴訟法第33条）が認められているため、それにより不利益を受ける第三者の権利利益の救済を図る必要があること、②第三者を参加させることにより適正な裁判を可能にすること、とされている。

1　**正しい**。（行政事件訴訟法第12条1項・4項）

2　**誤り**。被告を変更することができるのは、原告が故意又は重大な過失によらないで被告とすべき者を誤ったときである（行政事件訴訟法第15条1項・2項）。

3　**誤り**。訴えの変更をすることができるのは、職権ではなく、原告の申立てによる（行政事件訴訟法第21条1項）。

4　**誤り**。第三者の訴訟参加は、当事者若しくはその第三者の申立てにより又は職権で、決定をもって行い、その決定をするには、あらかじめ、当事者及び第三者の意見をきかなければならない（行政事件訴訟法第22条1項・2項）。

5　**誤り**。事情変更による執行停止の取消しは、職権ではなく、相手方の申立てにより、決定をもって行う（行政事件訴訟法第26条1項）。

正答　1

取消訴訟における訴えの利益

NO.141 取消訴訟における訴えの利益に関する記述として、妥当なのは次のどれか。 **（東京都管理職試験出題）**

1　取消訴訟においては、行政庁の処分の存在は要件とされていないので、行政庁の事実行為により不利益を受けた場合にも、すべて行政訴訟上訴えの利益が認められる。

2　取消訴訟においては、処分又は裁決の効果が期間の経過その他の理由によりなくなった後においても、処分又は裁決の取消しによって回復すべき法律上の利益が存在する限り、訴えの利益が認められる。

3　取消訴訟は、当事者に現実的救済を与えることを目的としていないので、処分の取消しが得られた場合に、原告が現実に利益の回復が得られる状態になくとも訴えの利益は認められる。

4　取消訴訟において、最近の判例は、訴えの利益を従来よりも厳格に制限的に解しており、従来の見解では反射的利益の侵害として訴えの利益が認められた場合についても、これを否定する傾向にある。

5　取消訴訟における訴えの利益は、専ら経済的損失の救済の観点から認められるので、国家賠償法に基づく損害賠償の請求を行う場合には、その前提として必ず当該処分の取消しを求める訴えを提起しなければならない。

Key Point

取消訴訟における訴えの利益を有する者には、処分又は裁決の効果がなくなった後においても、処分又は裁決の取消しによって回復すべき法律上の利益を有する者が含まれる。

解説　処分又は裁決の取消しの訴えを提起できる者は、次の者である。

原告適格(行政事件訴訟法第9条)

①当該処分又は裁決の取消しを求めるにつき法律上の利益を有する者

②処分又は裁決の効果が期間の経過その他の理由によりなくなった後においてもなお処分又は裁決の取消しによって回復すべき法律上の利益を有する者

取消訴訟も裁判の一種であるから紛争を裁判によって解決する現実の必要性がなければならず、処分又は裁決が取り消されても原告の救済がもはや達成できない場合は、訴えの利益は認められない。また、処分が失効した後であっても、処分の取消しによって回復される利益が、たとえ派生的なものであれ残存するときは訴えの利益が認められる。

1　**誤り**。公権力の行使にあたる事実行為に限られる(行政事件訴訟法第3条2項)。

2　**正しい**。行政事件訴訟法第9条かっこ書きのとおり。

3　**誤り**。処分を取り消しても原告の救済に寄与しない場合は、訴えの利益は認められない。建物完成後に建築確認の取消しを求める利益は認められない(最判昭59.10.26)。

4　**誤り**。取消訴訟は、広く現にこうむっている権利利益の救済を目的とするものとして、処分の失効後であっても、処分取消しによって回復される派生的利益があれば、訴えの利益が認められるようになった。

5　**誤り**。国家賠償請求は経済的損失の救済を目的とし、取消訴訟とは制度目的を異にする。国家賠償請求をする前提として、処分の取消訴訟を提起する必要はなく、あらかじめ処分の取消判決を得なくても損害賠償訴訟で処分の違法を判断できる(最判昭36.4.21)。

正答　2

取消訴訟の判決の効力

NO.142 取消訴訟の判決の効力に関する記述として、妥当なのはどれか。 **(東京都管理職試験出題)**

1　取消訴訟で棄却判決があった場合には、当該処分が適法であることが確定されるため、原告が他の違法事由を主張して再び当該処分の取消しを請求したり、国家賠償請求訴訟を提起することはできない。

2　取消訴訟で棄却判決があった場合には、処分庁が自ら当該処分の違法を認め、職権でこれを取り消すことはできない。

3　取消訴訟で認容判決があった場合には、その判決には形成力が認められ、その効力は、被告行政庁には及ぶが第三者には及ばない。

4　取消訴訟で認容判決があった場合には、その判決には拘束力が認められ、その効力は、当該事件について、当事者たる被告行政庁には及ぶがその他の関係行政庁には及ばない。

5　取消訴訟で、手続上の違法を理由として認容判決があった場合には、初めから当該処分が行われなかったのと同様の状態が確定されるため、行政側は、改めて適法な手続に従って処分をやり直すことはできない。

Key Point

処分取消の訴えとは、行政行為その他行政庁の公権力の行使にあたる行為（行政不服申立てに対する裁決・決定は除く）によって不利益を受けるものが、その取消しを求める訴訟をいう。

解説 当該処分について、審査請求と処分取消しの訴えが並行して提起された場合、裁判所はその審査請求に対する裁決があるまで、訴訟手続を中止することができる（行政事件訴訟法第８条第３項）。中止している間に審査請求の裁決で当該処分が取り消されたときは、訴えの利益を欠くものとして却下される。

取消訴訟の判決の効力には、以下の４つがある。

①**既判力**……一事不再理のこと。判決が確定すると、訴訟当事者間で同一事項について再び紛争になったときに、当事者はこれに矛盾する主張をしてその判断を争うことは許されず、裁判所もその判断に矛盾抵触する判断をすることが許されない。

②**形成力**……取消判決が確定すると、行政処分は初めからなかったことになる。

③**第三者効力**……取消判決は第三者に対しても効力が及ぶ（行政事件訴訟法第32条）。

④**拘束力**……取消判決は、その事件について、当事者たる行政庁その他の行政庁を拘束する（行政事件訴訟法第33条）。

行政事件訴訟

1　**正しい**。取消訴訟の判決が確定すると、判決一般の効力として既判力が生じ、訴訟当事者の間で当該事項につき再び紛争を蒸し返せなくなる。

2　**誤り**。既判力は判決で示された法的判断と異なった相手方に不利益な主張をすることを禁止する力であるため、処分庁が自ら当該処分の違法を認め、職権で取り消すことを妨げない。

3　**誤り**。処分又は裁決を取り消す判決は、第三者に対しても効力を有する（行政事件訴訟法第32条）。

4　**誤り**。（行政事件訴訟法第33条１項）

5　**誤り**。行政側は、あらためて適法な手続に従って処分をやり直さなくてはならない（行政事件訴訟法第33条２項・３項）。

正答　1

不服申立てと取消訴訟

NO.143 不服申立てと取消訴訟との関係に関する記述として、妥当なのはどれか。 **（東京都管理職試験出題）**

1　行政事件訴訟法は、不服申立て前置主義を原則とするが、法律に当該処分につき審査請求に対する裁決を経ずに、直ちに処分の取消しの訴えを提起することができる旨の定めがあるときは、その例外を認めている。

2　行政事件訴訟法は、不服申立ての前置の場合において、処分、処分の執行又は手続の続行により生じる著しい損害を避けるため緊急の必要があるときは、裁決を経ないで、処分の取消しの訴えを提起することができるとしている。

3　行政事件訴訟法は、不服申立てと処分の取消しの訴えが並行して提起されているときは、裁判所は、裁決があるまで、処分の効力、処分の執行又は手続の続行の全部又は一部を停止しなければならないとしている。

4　最高裁判所は、不服申立て前置の場合において、審査請求が請求期間経過により不適法として却下された場合であっても、審査決定を経た場合に該当するとし、原決定の取消しを求める訴えは適法であると判示した。

5　最高裁判所は、郵政局長が行った郵政職員の懲戒停職処分を人事院が減給処分に修正した裁決について、これにより新たな内容の懲戒処分がなされたのであるから、被処分者は裁決の取消しの訴えを提起すべきであると判示した。

Key Point

行政処分に不服がある場合、原則として、不服申立てをしてその結果に不満な場合に訴訟を提起することも、不服申立てをせずに訴訟を提起することも、さらに両方を同時に提起することもできる。〔自由選択主義〕（行政事件訴訟法第8条1項）

＜不服申立てと取消訴訟の関係＞　**原則として自由選択主義を採用**しているが、法令により不服申立てを経ることが要求されている場合（**不服申立前置主義**）、それを経た後でなければ取消訴訟を提起しえないこととしている（行政事件訴訟法第８条１項但書）。

しかし、不服申立前置とされていても、次の場合には裁決を経ないで直接訴えを提起できる（行政事件訴訟法第８条２項）。

①審査請求があった日から３か月を経過しても裁決がない

②処分、処分の執行又は手続の続行により生ずる著しい損害を避けるため緊急の必要がある

③その他裁決を経ないことにつき正当な理由がある。

1　**誤り**。（行政事件訴訟法第８条１項）

2　**正しい**。（行政事件訴訟法第８条２項）

3　**誤り**。手続きの中止は義務ではなく、中止することができるとしている（行政事件訴訟法第８条３項）。

4　**誤り**。最判昭30.1.28によると、不服申立て前置の要件を満たしたことにはならないとしている。

5　**誤り**。最判昭62.4.21によると、新たな内容の懲戒処分をしたものと解するのは相当ではないとしている。

正答　2

執行停止

NO.144 行政事件訴訟法に規定する執行停止に関する記述として、妥当なのはどれか。 **(特別区管理職試験出題)**

1　裁判所は、手続の続行により生ずる重大な損害を避けるため緊急の必要があるときは、いかなる場合であっても、申立てにより、決定をもって、手続の続行の全部又は一部の停止をすることができる。

2　裁判所は、執行停止の決定が確定した後に、その理由が消滅し、その他事情が変更したときは、相手方の申立てにより又は職権で、決定をもって、執行停止の決定を取り消すことができる。

3　内閣総理大臣は、執行停止の申立てがあった場合には、裁判所に対して異議を述べることができるが、執行停止の決定があった後においては、これをすることはできない。

4　内閣総理大臣は、執行停止の申立てがあった場合には、裁判所に対して、やむをえない場合でなければ、異議を述べてはならず、また、異議を述べたときは、次の常会において国会にこれを報告しなければならない。

5　内閣総理大臣が裁判所に対して異議を述べる場合には、理由を付さなければならないが、公共の福祉に重大な影響を及ぼすおそれのあるときは理由を付す必要はない。

Key Point

公共の福祉に重大な影響を及ぼすおそれのある理由を附して、内閣総理大臣の異議の申述がなされたときは、裁判所は執行停止の決定をすることができず、すでに決定しているときは、これを取り消さなければならない。

取消訴訟で執行停止の申立てがあったときは、内閣総理大臣は、裁判所に対し、執行停止の決定の前後を問わず、**異議**を述べることができる（行政事件訴訟法第27条1項）。

内閣総理大臣の異議の申述がなされたときは、裁判所は、執行停止の決定をすることができず、すでに決定しているときは、これを取り消さなければならない（行政事件訴訟法第27条4項）。

内閣総理大臣は、異議の申述に際しては、やむをえない場合でなければならず、その理由を附さなければならない（行政事件訴訟法第27条2項・6項）。

なお、裁判所は、内閣総理大臣の異議の理由の当否についての判断権を有しないとされており、結果として、執行停止の決定の最終的な判断権は、内閣総理大臣に留保されている。

1 **誤り**。執行停止の申立てに対し、内閣総理大臣の異議があったときは、裁判所は、執行停止をすることができず、また、すでに執行停止の決定をしているときは、これを取り消さなければならない（行政事件訴訟法第25条2項、第27条1項・4項）。

2 **誤り**。事情変更による執行停止の取消しは、職権では行えず、相手方の申立てにより、決定をもって行う（行政事件訴訟法第26条1項）。

3 **誤り**。内閣総理大臣の裁判所に対する異議は、執行停止の決定があった後においても述べることができる（行政事件訴訟法第27条第1項）。

4 **正しい**。（行政事件訴訟法第27条6項）

5 **誤り**。前段は正しい（行政事件訴訟法第27条2項）。異議の理由においては、公共の福祉に重大な影響を及ぼすおそれのある事情を示す必要がある（行政事件訴訟法第27条3項）。

正答　4

警察権

NO.145 警察権の行使を条理上、内在的に限界づける原則を説明した記述として、妥当なのは次のどれか。

1　警察官はゆえなく一般社会と直接接触のない、人の居住する場所に立ち入ってはならないという原則は、警察公共の原則とは関係がない。

2　警察責任の原則とは、故意過失により警察違反の状態を生ぜしめた者のみが責任を負うという趣旨である。

3　民事不介入の原則とは、警察消極目的の原則から派生した原則の一つである。

4　風俗営業取締法による営業の許可基準を都道府県の条例の定めに委任している場合に、条例で、風俗は営業の取締という目的を越えて、営業者の競争の防止、既存営業者の保護という目的のために規制したり、又はこれに基づく処分をしたりすることは許されないと解すべきことは、警察消極目的の原則とは関係ない。

5　高速道路で限度速度を20キロメートル程超えて乗用車を運転していた者に対し、その理由のみをもって、交通取締の警察官が直ちに免許証を取り上げることは、警察比例の原則に反するというべきである。

Key Point

警察権の限界に関する4原則、特に警察公共の原則に含まれる3原則について理解しておく必要がある。

解説　警察権の行使を限界づける４原則がある。**①警察消極目的の原則**（警察は、直接に公共の安全と秩序を維持し、これに対する障害を未然に防止し、発生した障害を鎮圧し除去することを目的とする）、**②警察責任の原則**（警察権は、公共の秩序と安全に障害を生じ又はそのおそれがあるとき、この状態の発生について責任を有する者に対してのみ発動できる）、**③警察比例の原則**（警察は、公共の安全と秩序を維持することのできない障害を除くためにのみ、必要最小限度において人の自由を制限できる）、**④警察公共の原則**（警察権は、原則として公共の安全と秩序の維持に直接関係のない私生活や民事上の法律関係に関与できない）。

なかでも「警察公共の原則」には、**①私生活不可侵の原則**、**②私住所不可侵の原則**（ただし、そこでの人の作為や物の状態が外部から公然と望見できる場合は、ここでいう私住所にはあたらない）、**③民事上の法律関係不干渉の原則**がある。

1　**誤り**。警察は公共の安全と秩序を維持する目的のためにのみ発動し得るのであって、この目的と直接関係のない私生活、私住所及び民事上の法律関係は、原則として警察権の関与すべき限りでないというのが、警察公共の原則の趣旨である。

2　**誤り**。警察責任の原則とは、警察権は公共の安全と秩序を損ない又は損するおそれがある者に対してのみ行使しうる趣旨であり、その場合の故意過失の有無は問わない。

3　**誤り**。民事不介入の原則は、警察公共の原則から派生。

4　**誤り**。警察消極目的そのものの説明である。

5　**正しい**。警察権の発動の条件及びその態様は、除去されるべき障害に対比して社会通念上是認し得る程度でなければならないというのが警察比例の原則である。本例のように、公共の安全秩序に対する障害の程度と警察権の行使による権利自由の制限の程度とは適正な比例を保つ必要があり、軽微な障害に対して重大な自由の制限をもって臨むことは違法とされなければならない。

正答　5

警察作用

NO.146 行政法学上の警察下命又は警察許可に関する記述として、妥当なのはどれか。 **(特別区管理職試験出題)**

1　警察下命は、法規に基づく行政処分の形式で行われる場合には、不特定多数人を対象とすることは一切できない。
2　警察許可は、警察上の目的のためにする一般的な禁止を解除する行為であり、警察許可を受けた者に対して、新たな権利又は能力を設定する。
3　警察下命は、警察上の目的のために国民に対して、作為、不作為、給付及び受忍を命ずる行為であり、警察下命に違反する行為はすべて無効である。
4　警察許可は、警察上の目的の目的のために法により定められた要求を充たした者に対して、本来各自が有している自由を回復させる行為であり、その許可は必ず書面をもって行われる。
5　警察下命は、警察権の主体である国又は地方公共団体に対する受命者の警察義務を生じさせるものであり、第三者が当該受命者に対して、受命者の警察義務不履行を債務不履行として損害賠償の請求をすることができない。

Key Point

警察作用の 4 種（警察下命、警察許可、警察強制、警察罰）について、それぞれの目的・法的性質を理解しておく必要がある。

解説　公共の安全と秩序の維持という目的のために公権力を行使する一切の作用をする行政法学上の警察（学問上の警察）は、その目的・法的性質の差異に応じて、以下の4種に分けることができる。

①警察下命……一般統治権に基づき、警察上の目的のために、国民に対して、作為、不作為、受忍、給付を命ずる作用。例　違反建築物是正措置命令

②警察許可……警察上の目的のために行う一般的禁止を、特定の場合に解除し、適法に特定の行為をすることができるようにする作用。例　各種の営業許可

③警察強制……警察上の目的のために、国民の意思に反してその身体又は財産に実力を加え、もって警察上必要な状態を実現する事実上の作用。代執行など警察上の強制執行と、身体に対する強制などの即時強制とがある。例　違反建築物除去の行政代執行

④警察罰……警察法上の義務違反に対し、一般統治権に基づき、制裁として科せられる罰。懲役・罰金等の刑罰、秩序罰としての過料及び反則金などがある。

1　**誤り**。下命は、作為、不作為、給付、受任を命ずる行為をいう。不特定多数人を対象とするものとして、例えば道路の通行禁止がある。

2　**誤り**。警察許可は一般的な義務あるいは禁止を解除するにとどまるから、新たに権利又は能力を付与するものではない。

3　**誤り**。罰を科されることはあっても、売買などの法律行為が当然に無効になるものではない。

4　**誤り**。法令上、特に文書によることが要求される場合の他、一般的に書面は要式行為とされていない。

5　**正しい**。（最判昭47.6.27）違反増築部分の除去命令の不履行が、直ちに不法行為責任が肯定されるものではないとの判例がある。

正答　5

公物①

NO.147 行政法学上の公物に関する記述として、妥当なのはどれか。

(特別区管理職試験出題)

1　公物は、国又は地方公共団体が所有する財産を意味するものではないので、私人が所有する財産であっても、それに含まれる場合がある。

2　公物は、公の目的に供用されるものであり、現金や有価証券は、それに含まれる。

3　公物は、一般公衆の使用に供される財産のことであり、行政主体の公用に供される財産を含まない。

4　公物は、公の目的に供用されるものであるので、私法の適用対象となることがない。

5　公物は、公共用物又は公用物のいずれであっても、行政主体が意思的行為なしに事実上その使用を開始することにより成立する。

Key Point

公物全般は、その形態が消滅し、回復不能となったときや、公物管理者により公用廃止の意思表示（公用廃止公為）がなされることをもって消滅する。

解説　公物とは、道路や河川、港湾、公園など、ハード面の物的施設整備により国民に様々な便益を提供する施設を指す。公物の分類方法として、主に以下の3つがある。

①公共用物と公用物……直接、一般公衆の共同使用に供される公物を公共用物といい、道路、河川、港湾、公園などがある。また公用物は、国又は公共団体自体の使用に供される公物で、官公庁の建物などがある。

②自然公物と人工公物……自然の状態において、すでに公の用に供し得べき実体を具えているために、何らの法的手段をとることなく当然に公物とされる物が自然公物で、河川、湖沼、海浜などがある。人工公物は、公の目的に供されるべき構造形態が人工により作り出され、かつ国又は公共団体が意思的にこれを公の用に供することにより初めて公物となる物で、道路、橋、港湾などがある。

③自有公物と他有（私有）公物……行政主体が保有･管理する物は自有公物、私人が所有する物は他有（私有）公物という。

このうち、人工公物たる公共用物が成立するためには、行政主体の意思的行為である公用開始（供用開始）という行政処分を要する。

1　**正しい**。

2　**誤り**。公物とは、学問上の概念であり、国、公共団体その他の行政主体によって直接に公の目的のために使用される個々の有体物をいい、現金や有価証券、特許権などの無体財産は含まれない。

3　**誤り**。公物には、直接、一般公衆の共同使用に供される公共用物と、国又は公共団体の使用に供される公用物とがある。

4　**誤り**。公物も私法の適用対象となる場合があり、どの程度適用されるかは、実定法の定めるところによる（道路法4条など）。

5　**誤り**。人工公物たる公共用物が成立するためには、公衆の利用が可能となる時点を明確にするため行政主体の意思的表示（公用開始行為）が必要である。

正答　1

公物②

NO.148 行政法学上の公物に関する記述として、判例、通説に照らして妥当なのはどれか。 **(特別区管理職試験出題)**

1　公物とは、その所有権の帰属主体を問わず、公の目的に供用されるものをいい、私人が、その私有地を道路用又は公園用その他公の目的に提供し、管理している場合であっても、その私有地は公物とみなされる。

2　公物は、一定の条件の下に取得時効の対象となるが、公物について、黙示の公用廃止があったと認められるだけでは、その公物についての取得時効の成立は認められない。

3　公用物が、公物として成立するためには、特定物が一定の設備を整え、かつ、行政主体が事実上その物の使用を開始するだけでは足りず、行政主体がその物を公用物として使用に供する旨の意思的行為を必要とする。

4　公物管理権は、公物本来の機能である公用又は公共用に供するという目的を達成させるために行政主体が有する包括的権能であり、所有権、地上権などの公物についての権原それ自体とは別個の権能である。

5　行政主体が、私人に対して、公物の一時使用を許可することは公物管理権に基づく作用であり、公物の継続的・独占的使用権を付与することは公物警察権に基づく作用である。

Key Point

公物とその他の類似の概念（営造物、公共施設、行政財産など）の違いを押さえておこう。

解説　公物の管理とは、公物本来の目的を達成するために行われる作用であり、この管理作用を行う行政主体の権能を**公物管理権**という。目的の達成のために必要な範囲で私法の適用が除外される。その内容は、次の２つに分けることができる。
①積極的に公物の形態を整備し、良好な状態に維持し、公物のために公用負担を課する等の作用
②消極的に公物本来の目的に対する障害を予防し、除去し、各種の規制を行う作用

個々の公物法で、公物の範囲の指定、維持、保管、障害の防止及び除去などについて定められている。

また、公物の使用関係には３種ある。
①一般使用……一般公衆が許可その他何らの行為を必要とせずに自由に使用できる場合
②許可使用……一般には自由な使用を制限し、特定の場合に一定の申請に基づき使用許可を与える場合
③特許使用……特定人のために一般人には許されない特別の使用をする権利を設定する場合

1　**誤り**。公物とは、行政主体が直接、公の目的に供用する個々の有体物をいい、何らかの権原（法律上の正当な根拠）があれば所有権が国または公共団体に帰属しているか否かを問わない。従って他有（私有）公物も存在する。しかし、私人が管理している場合は、公物とはいえない。
2　**誤り**。最判昭51.12.24は、黙示的な公用廃止による公物の時効取得を認めた。
3　**誤り**。公用物の成立には、行政主体の意思的行為（公用開始行為）を必要としない。
4　**正しい**。
5　**誤り**。公物の使用関係たる許可使用と特許使用に関する説明である。

正答　4

公用負担

NO.149 行政法学上の公用負担に関する記述として、妥当なのはどれか。

1　公用負担を課する権利は、本来は、国に専属する権利であるが、国が自らこれを行使することを要件とせず、これを公共団体又は特定の公益事業を営む私人に付与することができる。

2　人的公用負担を課する旨の行政処分は、その権利者と義務者との間に一定の債権債務関係を発生させるので、特定の財産権の主体が変更した場合、当該負担は当該財産権の継承者に移転する。

3　物的公用負担は、特定の財産権が特定の公益事業の需要をみたすために、法律に基づき、その財産権に固着して課せられる負担であり、性質の差異により、負担金、公用制限及び公用収用の三種に分けられる。

4　公用収用は、他人の特定の財産権を特定の公益事業の主体に、直接かつ原始的に取得させ、従来の権利者の財産権を一方的に消滅させる行政行為であり、法律の根拠を必要とする。

5　公用収用に対する損失補償は、現物補償の方法が原則であるが、現物補償の方法だけでは十分に補償の目的を達成することができない場合には、例外的に金銭補償の方法が認められている。

Key Point

公用負担には、人的公用負担と物的公用負担がある。それぞれの種別について正確に理解し、また公用負担特権の性格についても整理しておきたい。

解説　公用負担とは、特定の公益事業の需要をみたすために強制的に人民に課せられる経済的負担をいい、**人的公用負担**と**物的公用負担**に分けられる。

人的公用負担……特定の人が特定の公益事業のために必要な作為・不作為または給付の義務を負担するもので、負担金、夫役現品、労役又は物品負担がある。

物的公用負担……特定の財産権が特定の公益事業のために必要であるために、その財産権に固着して課せられる負担をいい、公用制限、公用収用、公用権利変換の３つがある。

1　**誤り**。公用負担を課する権利（公用負担特権）は、原則として国または公共団体が有し、一定の公益事業の主体である私人が公用負担特権を与えられる場合もある。

2　**誤り**。債権債務関係を発生させるので、財産権の主体が変更しても負担は移転しない。

3　**誤り**。負担金は人的公用負担の一種であり、物的公用負担は、公用制限、公用収用、公用権利変換の３種に分けられる。

4　**正しい**。

5　**誤り**。金銭補償が原則であるが、現物補償の制度もある（土地収用法第70条、第82条～86条参照）。

正答　4

公用負担（公用収用）

NO.150 公用収用に関する記述として、妥当なのは次のどれか。

（東京都管理職試験出題）

1　公用収用の主体は、公共の利益となる事業の主体のことであり、国は他の事業主体に対し公用収用権を付与する立場に立っているが、私人は事業主体となり得ず、公用収用権も設定され得ない。

2　公用収用は、土地に関して発達した制度であり、現行法上最も基本的なものは土地収用法である。土地収用法における収用の目的物は土地所有権であり、鉱業権や漁業権は対象とならない。

3　公用収用は、権利者の意思に反してその権利を取得するのであるから、収用すべき目的物の範囲は必要最小限度にとどまらなければならない。従って土地収用法は、いわゆる拡張収用を一切認めていない。

4　公用収用における損失補償は、通常完全な補償を要するが、土地収用法は、収用する土地の補償金について、事業認定の告示のときにおける相当な価格を基準とし、さらに物価の変動に応ずる修正をすべきものとしている。

5　公用収用による権利の取得は、原権利者の権利の承継取得ではなく、法律による原始取得であり、その効果は、すべての権利者に対して生ずる。従って収用によって取得する土地所有権を第三者に対抗するために登記を要しない。

Key Point

公用負担の一つである物的公用負担のうち、公用収用について問う問題である。公用制限、公用権利変換についても対比して理解する必要がある。

解説　**公用収用**とは、特定の公共の利益となる事業の用に供するために他人の特定の財産権を強制的に取得し、または消滅せしめることをいう(田中『新版行政法(下)』)。そのような事業のためには、原則として民事上の売買契約に基づいて当該財政権を取得するが、それが不可能な場合に公用収用の制度が必要となる。公用収用は、他人の財産権を強制的に取得するものであるから、法の根拠が必要である。一般的な根拠法としては、土地収用法がある。公用収用によって特別の犠牲を課された者には、その損失を補償しなければならない(憲法第29条3項)。この場合、完全な補償が必要と解されており、土地収用法もそれに沿った詳細な規定を置いている。

公用制限とは、特定の公益事業の用に供するため、特定の財産権に対して課される公法上の制限をいう。たとえば、都市計画区域において建築制限をしたり、測量や工事をするために一時的に他人の土地に立ち入り使用したりする場合である。

公用権利変換とは、特定区域内の土地の区画形質を変更し、土地所有権等を強制的に交換分合することをいい、公用換地(土地区画整理法による換地計画、仮換地の指定、換地処分など)と権利変換(都市再開発法による立体的換地など)がある。

1　**誤り**。国、公共団体のほか、私人も事業主体として収用権を設定し得る。

2　**誤り**。鉱業権(土地収用法第5条1項)、漁業権(土地収用法第5条3項)なども公用収用の目的物となる。

3　**誤り**。必要な限度を越えて収用することが公平の要求に合致し、または事業目的に照らして必要と認められるときは、拡張収用をなし得る(土地収用法第76条、78条、79条、81条)。

4　**正しい**。土地収用法第71条を参照のこと。

5　**誤り**。収用によって取得する土地所有権は、民法上の権利なので、その効力を第三者に対抗するためには登記を要する。

正答　4

第６次改訂版　行政法 実戦150題　定価：本体2000円＋税

1997年８月12日　初版発行　Printed in Japan
2002年10月９日　第３次改訂版発行
2006年３月１日　第４次改訂版発行
2016年４月14日　第５次改訂版発行
2021年２月22日　第６次改訂版発行

編集人　㈱都政新報社　出版部
発行人　吉田　実
発行所　㈱都政新報社
〒160-0023　東京都新宿区西新宿 7-23-1　ＴＳビル６階
電話　03(5330)8788　振替　00130-2-101470
ＦＡＸ　03(5330)8904
ホームページ　http://www.toseishimpo.co.jp/
印刷・製本　藤原印刷株式会社

ISBN978-4-88614-260-3　C3030